什么是中华传统美德

徐小跃 著

江苏人民出版社

图书在版编目（CIP）数据

什么是中华传统美德 / 徐小跃著. -- 南京：江苏人民出版社，2018.2
ISBN 978-7-214-20714-2

Ⅰ.①什… Ⅱ.①徐… Ⅲ.①品德教育—中国—通俗读物 Ⅳ.① D648-49

中国版本图书馆 CIP 数据核字（2018）第 027965 号

书　　　名	什么是中华传统美德	
作　　　者	徐小跃	
责 任 编 辑	汪意云	
责 任 监 制	王列丹	
出 版 发 行	江苏人民出版社	
出版社地址	南京市湖南路 1 号 A 楼，邮编：210009	
出版社网址	http://www.jspph.com	
照　　　排	江苏凤凰制版有限公司	
印　　　刷	南京新世纪联盟印务有限公司	
开　　　本	718 毫米 ×1000 毫米　1/16	
印　　　张	15	
字　　　数	200 千字	
版　　　次	2018 年 3 月第 1 版　2020 年 9 月第 4 次印刷	
书　　　号	ISBN 978-7-214-20714-2	
定　　　价	60.00 元	

（江苏人民出版社图书凡印装错误可向承印厂调换）

目录

一 前言 　　　　　　　　　　　　　　　　　　　001
　　中华传统文化之"道" 　　　　　　　　　　　001
　　（一）中华传统文化特征 　　　　　　　　　002
　　（二）明伦尽责的责任伦理及其人性论根据 　006
　　（三）儒家人性论的特点 　　　　　　　　　016
　　（四）中华传统美德有十德 　　　　　　　　027
　　（五）中华传统文化核心思想理念和价值观 　033
　　（六）中华传统人文精神 　　　　　　　　　034
　　（七）文化就是人文教化 　　　　　　　　　038
　　（八）结语 　　　　　　　　　　　　　　　040

二 论仁 　　　　　　　　　　　　　　　　　　042
　　（一）释仁 　　　　　　　　　　　　　　　042
　　（二）儒家诸子对仁的定义 　　　　　　　　043
　　（三）仁德的具体表现 　　　　　　　　　　048
　　（四）仁的精神实质 　　　　　　　　　　　071

三 论义 　　　　　　　　　　　　　　　　　　076
　　（一）释义 　　　　　　　　　　　　　　　076
　　（二）义德的具体表现 　　　　　　　　　　078
　　（三）义的精神实质 　　　　　　　　　　　084

四 论礼 086

- （一）释礼　087
- （二）礼的具体表现　088
- （三）礼的精神及其功用　093
- （四）社会习俗之礼的文化意义　098
- （五）"让"是儒道佛三家共同主张的价值观　099
- （六）"礼"的多重文化意义及其与社会主义核心价值观的关系　102

五 论智 106

- （一）五常中的"智"不是指聪明、智慧和知识　106
- （二）五常中的"智"既是良能，又是良知　108
- （三）五常中的"智"就是几希、良心、明德、至善　110
- （四）"智"与"善"不具备特定的道德属性　112

六 论信 114

- （一）释信　114
- （二）《论语》论信　115
- （三）《孟子》论信　116
- （四）信仰层面的"信"　118
- （五）"信"在五常中的作用　118
- （六）大信与小信　119
- （七）信与社会主义核心价值观　122

七 论五常 124

- （一）五常之说形成的历史过程　124
- （二）五常诸德的实质及其功用　128
- （三）孟子对"仁义礼智"四德的定性　129
- （四）汉儒对"仁义礼智信"五常的定性　132
- （五）宋儒对"仁义礼智信"五常的定性　132

	（六）笔者对"仁义礼智信"五常的内在逻辑关系及其各自意义的论述	136
八	论孝	140
	（一）释孝	141
	（二）孝道的具体内容	141
	（三）孝道反映的伦理精神	143
	（四）孝与忠结合而形成的忠孝思想	144
	（五）二十四孝的得与失	146
	（六）孝与慈相对而形成的慈孝观	148
	（七）孝道被推崇的历史原因	151
	（八）孝道的现实意义	152
九	论悌	156
	（一）释悌	158
	（二）"悌"德的双向性以及"出"的重要性	161
	（三）悌德的实质在于"友善"	162
	（四）悌德的最大功用在于"和"	164
	（五）悌德本旨归于仁德	165
	（六）包括"悌"德在内的中华传统美德表征的精神都是"爱"	165
十	论忠	168
	（一）释忠	168
	（二）忠德包含了"仁义礼智信"五常之德	169
	（三）忠是一种气节	176
	（四）忠孝与忠君爱国	178
	（五）忠德与向善	187
	（六）忠德与社会主义核心价值观	188

十一	论廉	190
	（一）释廉	191
	（二）"廉"的本质内涵	191
	（三）清廉的几条标准	192
	（四）廉德的多重意义	195
	（五）廉德的功用	198
十二	论耻	200
	（一）释耻	201
	（二）《论语》论耻	202
	（三）《孟子》论耻	206
	（四）知耻可以养德	208
	（五）自耻的特点及其意义	211
十三	论四维	214
	（一）四维思想的提出	215
	（二）四维的释义及其内涵	215
	（三）"礼义廉耻"在《管子》中的具体规定	216
	（四）"礼义廉耻"之四维间的逻辑关系	218
	（五）"耻"在四维中的作用	219
	（六）当代人对四维的认知	221
	（七）四维与社会主义核心价值观	223
十四	余论	226
	十德各自反映的精神及其价值观	226

一 前言

中华传统文化之"道"

中华传统文化内容丰富，但就其思想、精神和信仰之"形而上者"之道的层面来说，其主要反映在核心价值观里，而这些核心价值观往往是通过诸多美德体现出来的。中华传统文化所积淀着的中华民族最深沉的精神追求，所包含着的中华民族最根本的精神基因，所代表着的中华民族最独特的精神标帜都要通过中华传统美德来具体表现。换句话说，如果要对中华传统文化中的"道"以及精神追求、精神基因、

精神标识有全面又深入地了解和把握,那一定要知道什么是中华传统美德。反过来说,要更加深入理解中华传统美德的话,那一定先要对构成中华传统文化之"道"的诸多问题有个清晰准确的认知。

(一)中华传统文化特征

在认知什么是中华传统美德之前,应该回答的问题是,中华传统文化为什么重视道德和伦理的建设。实际上这是关系到如何认识中华传统文化特征的问题。我将中华传统文化的特征概括为:以天为根,以人为本,以德为要,以和为贵。

1. 以天为根

"以天为根"是强调天地乃生之本也,也就是说,包括人在内的所有万物的本性都是由天地所赋予和生成,"天命之谓性"(《中庸》),此之谓也。中华传统文化认为"天地"自身有德者也。"天地之大德曰生"

(《周易》),"人者,天地之心"(《礼记·礼运》),"仁,天心"(董仲舒《春秋繁露·俞序》),"仁义忠信,乐善不倦,此天爵也"(《孟子·告子上》),"礼,天之经,地之义,人之行也"(《左传·昭公二十五年》),"诚者,天之道也"(《孟子·离娄上》),"孝,天之经,地之义,人之行也"(《孝经》),"故礼,上事天,下事地,尊先祖而隆君师。是礼之三本也"(《荀子·礼论》)。一句话,天地之性是"生",是"仁",是"义",是"礼",是"忠",是"诚",是"孝"。中华传统文化也认为人要与天地合其德者,此有"与天地合其德"(《周易》语),简称为"天人合德"。实际上在这里涉及人性的来源问题,中国哲学,特别是儒家哲学坚持认为,人之本质属性来源于"天",即人性来源于外在的天地自然。"盖仁也者,天地所以生物之心,而人物之所以得为心者也"(朱熹《晦庵集》卷77),此之谓也。从此点来看,中华传统文化具有了外在超越的性质。当然,强调呈明人内心之德并求得与天地之德相合的"天人合一"思维方式最终构成中华传统文化的特征。

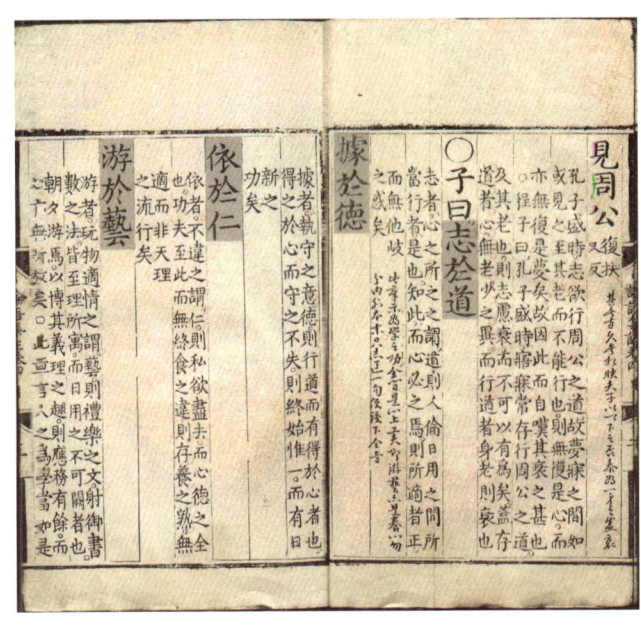

"志于道"《论语集注》
〔宋〕朱熹注 明刻本

2. 以人为本

"以人为本"是强调多层含义上的以人为本。具体来说,"以人为本"这个命题实际上要厘清几个问题。第一是以人为本,而不是以其他存在为本,也不以自然和神灵等为本,例如"子不语怪力乱神"(《论语·述而》),道乃"象帝之先"(《老子》4章)"神鬼神帝"(《庄子·大宗师》)以及"神得一以灵"(《老子》39章)。第二是以人事为本,而不是以鬼事神事为本,例如"务民之义,敬鬼神而远之"(《论语·雍也》)。由此亦形成中华传统文化的一个重要特征,即无神。第三是以人的主体性、人的理性、人的主动性等为本。应该这么说,上述三种意义上的"以人为本"亦都是为中华传统文化,特别是儒道两家文化所主张和坚守的,但是,我在这里要特别强调的是,如何正确理解第三种含义上的,即以人的主体性为本的思想,那是正解中华传统文化"以人为本"之特征的关键所在,并也关涉到中华传统文化对人性的认知问题。在我看来,这一"主体性"的内涵不是以理性为本质的人的主体性,而是以德性为本质的人的主体性。说得通俗些,人的主体性也就是人在宇宙间的地位问题。而关于这一点,先秦儒家人物荀子说得最好,他认为:"人有气、有生、有知,亦且有义,故最为天下贵也。"(《荀子·王制》)也就是说,人在宇宙的尊贵地位是由他的"义"性所决定的,而"义"性则是表征人的德性本质,而绝非是人的理性本质。《礼记·曲礼上》说:"今人而无礼,虽能言不亦禽兽之心乎?"也就是说,人有没有"礼"才是决定人与非人的标准,而绝非是什么语言和逻辑等的其他存在。简言之,人的主体性主要应强调人的德性而不是理性。正因为如此,才能产生中华传统文化的另一个特征,即"以德为要"。儒家正是欲通过"以德为要"的阐发而实现人们在道德上的"自觉自律"。换句话说,儒家所强调的人的主体性更多的是要达到人们在道德上的挺立,即达到道德上的"自觉自律"。

3. 以德为要

"以德为要"是强调构建从人之为人的"良心"那里派生出来的诸德。正是"以天为根""以人为本"的特征的存在决定了中华传统文化，尤其是代表中华传统文化主体的儒家文化内在地、必然地要重视人与人、人与社会、人与自然、人与自身之间"关系"之"伦理"定位和"道德"要求。所以，以伦理为本位当然成为"以天为根""以人为本"的儒家文化关注的重点。重视心性，重视修身，重视率性，重视修道，重视亲民，重视止于至善，一句话，重视人文教化、人文化成以及天人合一，就逻辑地要求一定要重视对一切"道德"的建设工作。当然，这一"德"的建设又是根据中国传统社会的实际而得到落实的。

4. 以和为贵

"以和为贵"是强调所有关系的定位一定是要"合"与"和"为其根本归旨。"和也者，天下之达道也"（《中庸》）。中华传统文明实际上非常重视的正是体现在"耦性文明"与"和合文明"这两种文明之中。"耦性文明"解决的是"合"的问题，"和合文明"解决的是"和"的问题。合而言之，就是"尚和合"。人与人要和合，人与社会要和合，人与自然要和合，人的身与心要和合。中华传统美德的所有德目，其终的都是要达到"合"而"和"的目的。"致中和，天地位焉，万物育焉"（《中庸》），"礼之用，和为贵"（《论语·学而》），"与天地合其德，与日月合其明，与四时合其序，与鬼神合其吉凶"（《周易》），此之谓也。所有这些思想都是用"天人合一"论来加以概括的。中国哲学认为"天"有德，且是自然也，所以谓之"天德之自然"。中国哲学亦认为"人"应效法天而遵天德，所以谓之"人事当然"。合而言之，天然，人亦然，此乃"天人合一"，也即"天人合德"。

（二）明伦尽责的责任伦理及其人性论根据

在中国哲学中，天人之学最后的落脚点一定是"人"上，人的本质的"心性"上以及由此产生的"伦理道德"上。换句话说，中华传统文化最关注的当是要解决社会中的所有"人伦"关系问题，由此决定了儒家文化高度重视"明伦"（尽伦）。《孟子·滕文公上》就明确指出："学则三代共之，皆所以明人伦也"，"后稷教民稼穑，树艺五谷，五谷熟而民人育。人之有道也，饱食、暖衣、逸居而无教，则近于禽兽。圣人有忧之，使契为司徒，教以人伦"。孟子所说的"人伦"是指父子有亲、君臣有义、夫妇有别、长幼有序、朋友有信。此又称为"五伦"。伦常关系确立了，接下来就要解决各自身份的"责分"或说各自承担的"责任"问题了，由此决定了儒家文化高度重视"尽责"的问题，而要明确之，又必须提出和建立属于各自责分的"德行"，所以一系列的"德目"纷纷建立。实际上孟子在上述之论中要告诉人们的是，一

《五伦图》〔清〕马元驭

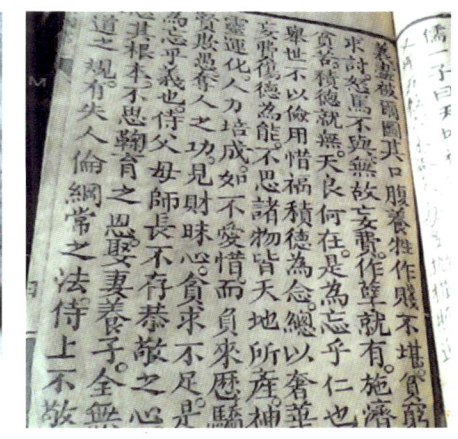

"三纲五常"

方面,衣食足,居住逸,然后得以施予教化,但是另一方面,如若只求物质上的充足安逸而不去施行教化,那么人就要混同于禽兽了。而圣人正是看到了这一点并深深担忧会发生上述情况,于是才派专人进行有关人伦方面的构建任务。"教以人伦",此之谓也。再有,对人施行教化,那也正是遵循和切合着人之本存之性的需要。"人之有道也",此之谓也。孟子的"父子有亲,君臣有义,夫妇有别,长幼有序,朋友有信"中涉及到了"义"德和"信"德。《礼记》的"父慈子孝,兄良弟悌,夫义妇听,长惠幼顺,君仁臣忠"中涉及到了"慈""孝""良""悌""义""听""惠""顺""仁""忠"诸德。《大学》的"为人君止于仁,为人臣止于敬,为人子止于孝,为人父止于慈,与国人交止于信"中涉及到了"仁""敬""孝""慈""信"诸德。《三字经》的"父子恩,夫妇从,兄则友,弟则恭,长幼序,友与朋,君则敬,臣则忠,此十义,

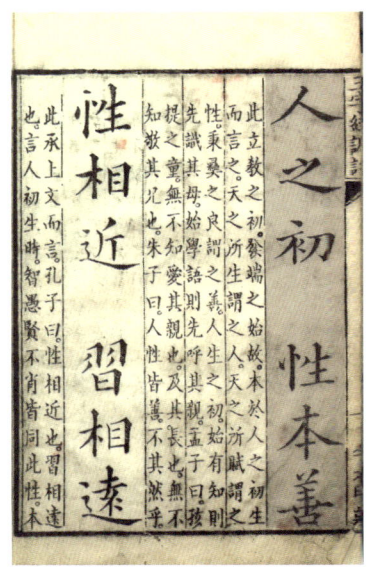

"人之初"《三字经》
〔宋〕王应麟撰 清李光明庄刻本

人所同"中涉及到了"恩""从""友""恭""序""敬""忠"诸德。实际上儒家强调"明伦尽责",也是基于感应和交换规律的。孟子所谓的"五伦论"以及其他论述得非常精彩的观点就最鲜明地提出了"交换"原则。父慈子孝,兄友弟恭,君仁臣敬,夫和妻顺,朋友互信。这也是"各自安止"以后才能进行的"交换"。换句话说,"交换"的前提在于各自的定位定性准确而不错位。这一点应该引起特别注意。孟子还说道:"仁者爱人,有礼者敬人。爱人者人恒爱之。敬人者人恒敬之。"(《孟子·离娄下》)在中国传统政治观念中也是强调百姓如果尊敬君王了,君王就会反过来仁爱百姓,这也是一种"交换"。当然所有这些"交换"都是建立在人性及其情感上的,也都是按照相应的"道德"来进行的。另外,在中华传统道德的教化中还非常重视"上"与"下"的"互动"作用,当然更对"在上者"的表率带头作用提出了要求。"上行下效",此之谓也。《大戴礼记·主言》载孔子的话语,将上述道理说得十分清楚了,也叫做"七教":"上敬老则下益孝,上顺齿则下益悌,上乐施则下益宽,上亲贤则下择友,上好德则下不隐,上恶贪则下耻争,上强果则下廉耻,民皆有别,则贞,则正,亦不劳矣,此谓七教。"概而言之,中华传统文化,尤其是儒家伦理,积极主张先"明伦",后"尽责",合而言之,"明伦尽责"者也,由此形成一种以德性、关系、关怀、责任为其基本特征的中华伦理体系。

在这里我们完全有必要对中国人非常熟知的"三纲"概念及其思想进行一番论述,这不仅仅是因为"三纲"与我们选择的十德中的五德,即"仁义礼智信",构成了"三纲五常"的概念,而且更为重要的原因是,这一思想自汉代以后,特别是经过宋明理学的普及和推广,已然成为中华传统文化,尤其是儒家文化的代名词了。也正因为如此,在近现代的历史思想文化历程中,"三纲五常"思想一段时间完全被当成封建社会的伦理道德而加以批判和唾弃。换句话说,都将它作为负面和消极甚至是反动的思想进行否定的。不要说是在新文化运动和"文化大革命"运动中是这样,即使在70年代末我上大学的那个时代,当我们说到对待中华传统文化的态度时，喜欢说"吸取其精华，剔除其糟粕"。那要剔除什么呢？人们习惯地随口就会提到的就是这一"三纲五常"思想。当然随着这么多年来对中华传统的客观、全面和深入的研究，特别是当下将对中华传统文化的自信与对社会主义核心价值观的践行以及伟大的中华民族复兴紧密联系在一起，就更加自觉地在中华传统文化中寻求那些属于"超越时空，跨越国度，富有永恒魅力，具有当代价值的文化思想"而加以宣传和弘扬。尤其在学理上认识到"仁义礼智信"五常非但不是糟粕，而是精华，且被作为中华传统文化的核心价值观得到充分肯定和弘扬。然而，与此紧密相连的"三纲"思想却一直避而不谈，或尽量往所谓好的方面去解释和认知，从而，无法得出令人满意的答案。我认为，在讨论和研究包括中华传统美德在内的所有中华传统文化的时候，都不能回避对"三纲"思想的认识和评价问题。

作为儒家的"三纲"概念首先被汉代大儒董仲舒所提出。他说："君臣父子夫妇之义，皆取者阴阳之道。君为阳，臣为阴。父为阳，子为阴。夫为阳，妻为阴……王道之三纲，可求于天。"（《春秋繁露·基义》）从董仲舒的论述中，可以知道他是将"君臣父子夫妇"归结为"三纲"的，但从下定义的角度来看，还不能将董仲舒的这段话作为对所谓"三纲"概念下的定义。明确以下定义的形式对"三纲"概念进行定义的是东汉时代由班固编著的一部书，即《白虎通义》："三纲者，何谓也？君臣，父子，夫妇也……所称三纲何？一阴一阳谓之道。阳得阴而成，阴得阳而序。刚柔相配，故六人为三纲。"（《白虎通义·三纲六纪》）从这里可以清楚地发现，所谓"三纲"的原始义，或说本义就是指君臣、父子、夫妇而形成的三对关系性的存在，三对关系涉及到了六个人。而为什么将此三重关系叫做"三纲"呢？董仲舒和班固都认为那是因为它们取法乎阴阳之道也，而阴阳之道的本质规律则又表现为它们是相互依存、不可分离的。"一阴一阳谓之道。阳得阴而成，阴得阳而序"，此之谓也。常言道："孤阴不生，独阳不长。"

现在需要回答的问题是，为什么以"纲"这个字来表示这六个人而形成的三对关系呢？那就要解释什么叫做"纲"？班固引《礼纬·含文嘉》说："纲者，张也。"实际上这个定义是在强调"纲"的作用而已，而不能看作是对"纲"的意思的解释。它是在告诉人们，只要引其纲要，万目皆张开矣。我们所熟知的成语"纲举目张"表达的正是此义。《说文解字》对"纲"的解释才指出了它的本义："纲，维纮绳也。"而所谓"纮"是指网之大绳。所以说，"纲"的意思就是提网的总绳，比喻事物最主要的部分。于是，我们就可以顺着这一本义来辨析"三纲"了。本义上的"三纲"是指君臣、父子、夫妇这三对关系，在整个社会所有关系中是最重要的关系，是具有纲要性质和功用的。换句话说，只要抓住这个"纲"，其他的一切社会关系就可以理顺了、张开了、好办了。由此可见，这仅仅是在强调这三对关系较之于其他关系更为重要而已，并没涉及到相对而言哪一方更为重要的问题。具体说来，从上述的"三纲"定义中，你是读不出君比臣更重要、父比子更重要、夫比妻更重要的意味的。这一点应引起我们重视。实际上，我们会发现，由汉人归纳的儒家"三纲"内容，乃是孔子与孟子有关归纳的增减而已。具体说来，孔子提到了"三纲"中的两纲，即君臣与父子。孔子说："君君臣臣，父父子子"（《论语·颜渊》）。而孟子归纳的"五伦"比"三纲"多了两项。孟子说："父子有亲，君臣有义，夫妇有别，长幼有序，朋友有信"（《孟子·滕文公上》）。孔子的意思是，作为君要像君的样子，臣要像臣的样子，父要像父的样子，子要像子的样子。具体要像什么样子呢？孟子说得就更加具体了，即"父子有亲，君臣有义，夫妇有别"。所谓"有亲"就是父子各自做到"慈孝"，所谓"有义"就是君臣各自做到"仁敬"，所谓"有别"就是夫妇各自做到"和顺"。《礼记》的"父慈子孝，夫义妇听，君仁臣忠"，《大学》的"为人君止于仁，为人臣止于敬，为人子止于孝，为人父止于慈"，《三字经》的"父子恩，夫妇从，君则敬，臣则忠"，此之谓也。所以这里实际上应引起大家的注意，孔子与孟子在谈到这几重关系的时候，明确规定了各自应尽的责任。而从具体的定性中，我们会体会到他们的论述还是符合人性的对待，其中并不存在双方中一方以另一方为主的问题，而是重点在强调双方各自应尽的责任和义务。从人性的角度来分析这些规定，亦当能体味出其正面和积极的意义来的。换句话说，他们这样的规定是遵循和符合"道"的。实际上在先秦儒家传统中对"道"的维护和坚守是始终一贯的，也就是说，"从道不从君"（荀子语），一直是儒家坚持的原则。通俗地说，从哪方面来说，其思想都是有其巨大的合理性的，唯其如此，你就不能对此做出否定性的评价。

而将孔子和孟子的思想以及"三纲"本义所显示的意义和精神做出改变的，是从唐孔颖达《礼记·乐记》疏引《礼纬·含义嘉》的"三纲谓君为臣纲，父为子纲，夫为妻纲"命题的正式被提出而开始的。大家请注意，"君为臣纲，父为子纲，夫为妻纲"的"三纲"与"三纲者，何谓也？君臣，父子，夫妇也"的"三纲"最大的不同就在于，它们所论的重点不是一回事。前者是要突出君、父、夫对于臣、子、妻的"纲"的地位和作用；而后者则是要突出君臣、父子、夫妇这三对关系对于其他社会关系的"纲"的地位和作用。即便从"有义""有亲""有别"的层次来谈"三纲"，那也绝对读不出某一方为另一方的"纲"的意思。而"君为臣纲，父为子纲，夫为妻纲"的"三纲"思想明显具有了一方比另一方更重要的意义。如此一来极易造成构成关系的双方的失衡。换句话说，这样一来就内在地种下了可能将原先双方是相对的关系而异化和蜕变为双方是绝对的关系或说单向性的祸根。即便你可以将"纲"这一概念做出所谓正面性的解析，例如从"代表性""规范性""表率性""模范性""领导性""带头性"等思想来定义"纲"，那也不能改变上面我们所说的那种意义上的"三纲"思想发生异化和蜕变的可能。我这里所想表达的意思是，当你将"纲"理解成"表率"等意思时，会使得"君为臣纲，父为子纲，夫为妻纲"的"三纲"思想的性质及其功用有个比较正面的显现。通俗地说，在上的君做好了表率作用，在下的臣就会做得好，父子和夫妇的做法以此类推。这样一来，当然明显比将"纲"理解为"主"来得更加合理些。也就是说，这种解释弱化了臣对君、子对父、妻对夫的依附性、服从性。一句话，弱化了这一"三纲"思想的极端不平等性。然而，不容忽视和不容否定的是，"君为臣纲，父为子纲，夫为妻纲"的"三纲"思想由于是建立在"阴阳"理论基础之上的，而当本来只是具有自然属性的"阳尊阴卑""天尊地卑"的观念被运用到社会人事之上以后，那是极易会发生性质上的逆变的。

只要真正懂得中华传统文化，或说真正懂得作为群经之首的《周易》的话，绝对不会将"阴阳"分为两橛的，深知阳中有阴、阴中有阳的道理。也不会仅从字面上简单地认为，因为天高高在上，所以是尊贵的；而因为地在下，因而是下贱的。实际上，中国的阴阳理论，只是将"尊"理解为"远"，将"卑"理解为"近"。也就是说，自然意义上的"阳尊阴卑""天尊地卑"，其本身不具有社会价值意义上的所谓"贵贱"的等级之分也。但是我们又会说，只要真正懂得中华传统文化的人，也不会不知道，中国传统哲学，尤其是儒家哲学以及伦理道理思想又是完全与"阴阳"论相联的。"儒家者流……助人君，顺阴阳，明教化"（《汉书·艺文志》）。也就是说，儒家的全部思想理论都是"顺阴阳"的。道理也很简单，当一种只是反映自然天地之性的东西推演和运用到人类社会以后，一定会带上社会价值的规定性。具体到"三纲"思想，董仲舒明确地将人以及职位分了阴阳，他说："君为阳，臣为阴。父为阳，子为阴。夫为阳，妻为阴……王道之三纲，可求于天。"（《春秋繁露·基义》）如果你将"阳尊阴卑"套进去来解释一下，会得出什么样的结论呢？这不是非常明显地承认"君父夫"三者为尊而"臣子妻"三者为卑吗？社会文化意义上的尊卑不就是贵贱有等吗？尊卑与贵贱一定是连在一起使用的，从而带上了强烈的等级色彩。你可以说《周易》中所说的"天尊地卑"不存在什么等级的问题，但你不可以说"君为臣纲，父为子纲，夫为妻纲"的"三纲"思想所表现出来的"君尊臣卑""父尊子卑""夫尊妻卑"之义不存在什么等级色彩吧!"君要臣死,臣不敢不死;父要子亡,子不敢不亡"这一极端化的表现形式,绝对不会从孔子的"君君臣臣,父父子子",孟子的"父子有亲,君臣有义,夫妇有别"以及《大学》的"为人君止于仁,为人臣止于敬,为人子止于孝,为人父止于慈"等的理念中派生和发展出来,却可以从"君为臣纲,父为子纲,夫为妻纲"的"三纲"思想中派生和发展出来啊!正因为这一性质的"三纲"思想,在理论上具有了这种不平等性,从而亦就决定了在现实中必然会强化这种不平等性,中国几千年的封建历史也有力地证明了这一点。任何一位研究中国古代思想的人,都不能不承认在中国传统社会有三根绳索紧紧地套在中国下层百姓的头上,这就是"君权""父权""夫权"。"官本位"一直成为中国传统社会的一个强烈意识并暴露出它的消极意义。近代思想家谭嗣同提出要冲破封建网罗首推就是这个"三纲",这并非是空穴来风、无的放矢、恣意歪曲或者是出于什么偏激的情感,相反,倒是他非常深刻洞察到了"三纲"思想的实质及其危害性,所以才展开了对它的猛烈抨击。应该明确地承认,"君为臣纲,父为子纲,夫为妻纲"的"三纲"思想理念是与现代文明社会所要弘扬的"平等"思想是格格不入的。唯其如此,我们在继承中华传统文化中当要特别注意对它的摒弃。

综上所述,我认为对"三纲"思想的认知要分类,分层次,分历史阶段。如能对"三纲"思想进行正面的积极的进入,或说继承它的优秀性,那么,就直接将其"还原"为诚如孟子的那种"五伦"思想。将此作为一个整体来对待并将此视为"纲",即处理所有社会伦理关系的最重要、最关键的存在,并强调只要它们理顺了、举起了,其他一切就随之张开和理顺了。如果大家足够注意的话,在中国流行广泛的《三字经》中所强调的"三纲者,君臣义,父子亲,夫妇顺"仍然是落实到"三纲"的本义之上和孟子的"五伦"之义之上的。说得再通俗些,这种性质的"三纲"和"五伦"思想要求六种人归止和安上于各自的符合人性的诸德之上。这些德行所包含和显示的道理和精神皆是值得肯定和发扬的。"君仁臣敬""君仁臣忠""君惠臣忠"会有问题吗？它当然具有合理性；"父慈子孝"会有问题吗？它当然具有合理性；"夫和妻顺""夫义妻顺"会有问题吗？它当然具有合理性。这是一个在相互关系中达到一种平等和谐的局面，它是一种符合人性的对待。我始终认为，儒家的"明伦尽责"思想真是能体现出中国人的智慧之光和人性之明。"三伦"（其实就是"三纲"）也好，"五伦"也好，这些关系的概括不可不谓之精当。通俗地说，人与人的关系不就是这些关系吗？只是中国人非常智慧地将其概括和抽象出来了。"六责"（实际上是"六义"：仁敬、慈孝、和顺）也好，"十责"（实际上是"十义"）也好，这些责任的概括不可不谓之精彩。通俗地说，每个人的多重角色和身份不就是这些属性吗？只是中国人非常人性地将其概括和抽象出来了。"仁、敬、慈、孝、友、悌、义、听、惠、顺"这所谓的"十义"分别对应君、臣、父、子、兄、弟、夫、妇、长、幼，当然如果再加上"朋友有信"这一条所提倡的"信"义，请问上述的哪一"义"不是人性的反映呢？换句话说，哪一条不是人之为人应该归止和安止的地方和应尽的责任呢？另外，我们既然已肯定和赞扬了"仁义礼智信"五常思想，并将此确定为中华传统文化的核心价值观了，那么，我们是否应该思考下，古人为什么将这"五常"与"三纲"紧密地联系在一起并称为"三纲五常"或说"纲常名教"呢？尤其是在现实的意义上对它进行创造性转化和创新性发展的过程中，这是不应该回避的问题。我认为，包括父子、君臣、夫妇在内的所有人与人的关系，究竟如何相处？即按照怎样的道德去相处？古人实际上已经给出了最为明确和最为普遍的答案：那就是按照"仁义礼智信"五常，即五德去相处。这也就是我所概括的"仁以爱之，义以正之，礼以敬之，智以善之，信以诚之"。具体说来，当人与人的关系都是建立在"爱""正""敬""善""诚"的基础之上，其结果一定能实现和达到"和也者""致中和""和为贵"的"止于至善"之境也。总之，"纲"要解决的是"明伦"问题；"常"要解决的是"尽责"问题。

合而言之，儒家所谓的"纲常"解决的就是"明伦尽责"的问题。而要对这些问题有一个更加深入的认知，则必须进入到儒家的人性论。

实际上以儒家为代表的"明伦尽责"思想是牢固地建立在人性论的基础之上的。儒家在论述人性和情感时又喜通过人兽相比较的方式来突显人之为人的特性之所在。我们最熟悉的当是孟子的"几希之良心"说。他说："人之所以异于禽兽者几希"（《孟子·离娄下》）。这个"几希"就是人所独有的"良心"。荀子认为人兽的区别在于"义"。他说："水火有气而无生，草木有生而无知，禽兽有知而无义。人有气有生有知，亦且有义，故最为天下贵也。"（《荀子·王制》）当然，荀子又将此"义"的本质理解为"分"和"群"。所以，荀子关于人兽的区别标准是"能群"和"不能群"的问题。

而如果我们再来看一看孔子关于"移情"问题的分析，则会对儒家人性理论和其他理论都会做出比较明晰的认知。在孔子看来，"移情"恰恰表现出人兽之间的差别。也就是说，人具有"移情"的本质属性，而禽兽则不具备这种本质属性。这就是为什

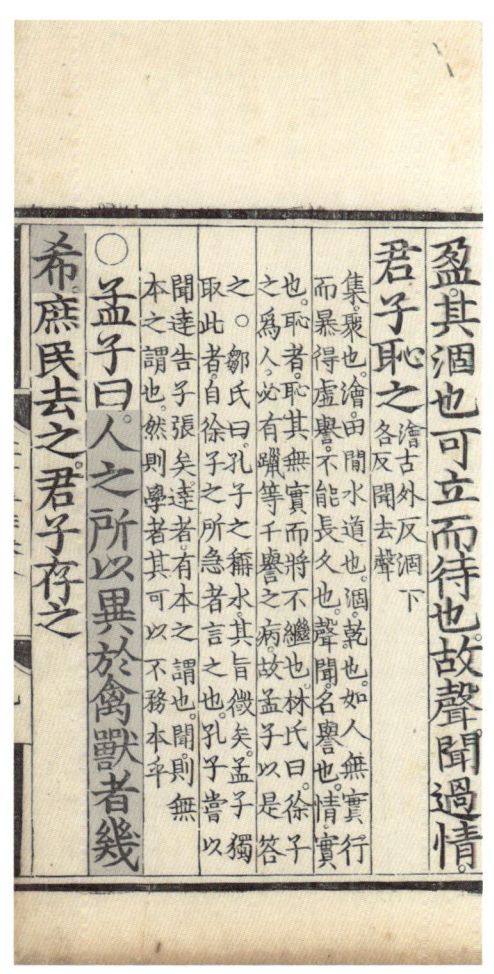

"人之所以异于禽兽者几希"《孟子集注》
〔宋〕朱熹注 明嘉靖二十七年（1548）伊藩刻四书集注本

么在孔子那里存在那么多有关"移情"方面的论述。首先表现为"移孝悌为仁爱"的思想论述，如《论语》记载"孝悌也者，其为仁之本与"。再表现为"移孝悌为不好犯上者"思想的论述，如子曰："其为人也孝悌，而好犯上者，鲜矣。"（《论语·学而》）第三表现为"移孝为忠"思想的论述。当然，在中国传统社会，由于强大的政治统治的需要，尤其重视和宣扬"移孝作忠"的思想，但在儒家"移情"思想中。最需提倡的乃是由近及远、由己推人的"内圣外王"的思想观念和思维方法。在儒家那里最能反映此观念和方法的还是在先秦儒家那里。孔子明确提出"修己以敬""修己以安人""修己以安百姓"（《论语·宪问》）的思想。孟子明确提出"老吾老以及人之老，幼吾幼以及人之幼"（《孟子·梁惠王上》），《大学》明确提出"格物致知，正心诚意，修身齐家，治国平天下"。由此可见，所谓"移情"就是将人之为人的心性情义转移和推移到更加广阔的空间和更加广泛的人群。例如将对父母家庭的责任和亲爱转移和推移到社会、国家、天下以及天地万物，从而形成爱家乡、爱故土、爱国家、爱民族、爱世界、爱天地万物的博大情怀。

（三）儒家人性论的特点

1. 既重人性的先天性，又重人性的后天性

我们清楚知道了中华传统文化一个非常重要的特点就是对道德伦理问题的高度重视，并认为只为人所独有的先天性的"良心"是产生道德的唯一根源。"人之初，性本善"（《三字经》），"孟子道性善"（《孟子·滕文公上》），"恻隐之心，仁之端也；羞恶之心，义之端也；辞让之心，礼之端也；是非之心，智之端也"（《孟子·公孙丑》），应是儒家先天人性论最有代表性的思想表述。但是，儒家并没有至此结束，相反，十分强调后天因素对人之先天之善性的光明作用。换句话说，儒家认为如果要使道德光明和实施，那么一定要发挥人的理性

自觉作用和后天的教育教化作用，再有就是要注重外在环境对道德的影响力。孟子说："富岁，子弟多赖；凶岁，子弟多暴，非天之降才尔殊也，其所以陷溺其心者然也"（《孟子·告子上》），意思是说，丰收之年，少年子弟多半懒惰；灾荒之年，少年子弟多半强暴，这不是天生的本质不同，而是由于外在环境使他们心灵受到腐蚀污染。总之，在孟子看来，"富岁"和"凶岁"这一后天的环境是能够决定人身上的先天属性呈现什么或呈现多少的因素。这当然属于后天的客观的自然环境范畴。为中国人非常熟知的"孟母三迁"的故事和荀子"注错习俗"的著名理论都是后天论的最典型的代表。而我们说，在中国后天环境论中最强调的重要因素，还是后天社会的教育和教化问题。也就是说，后天的"教育""教化"更影响到呈现什么样的人的属性问题。更明确地说，如果缺少上述两个因素，多呈

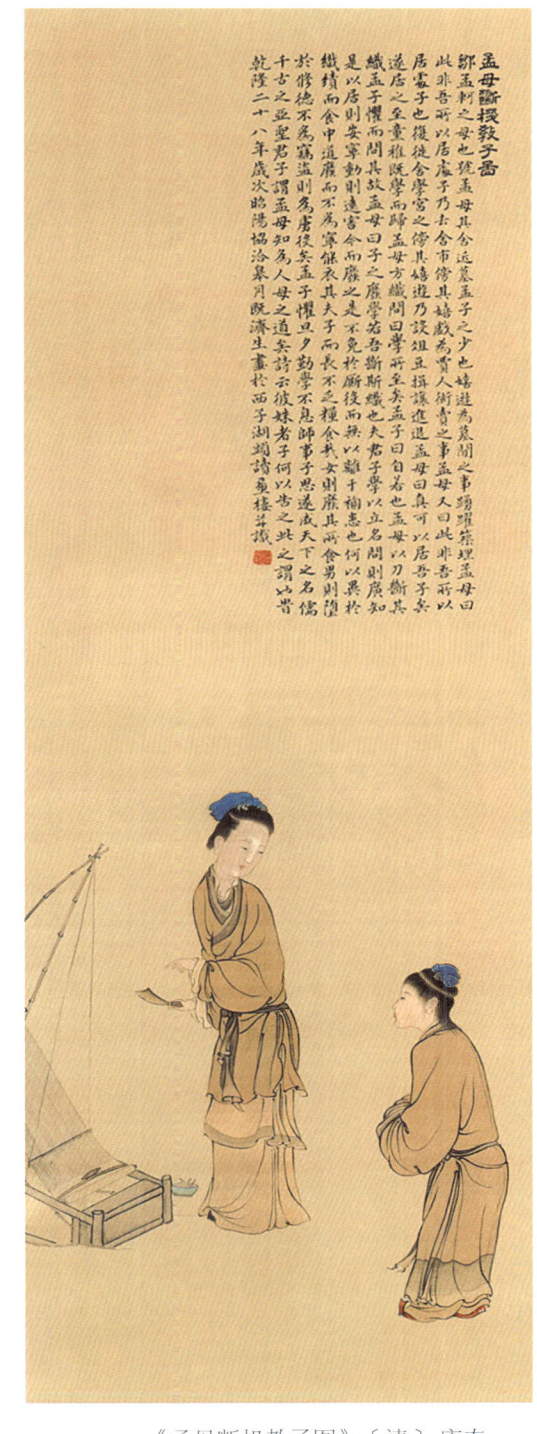

《孟母断机教子图》〔清〕康寿

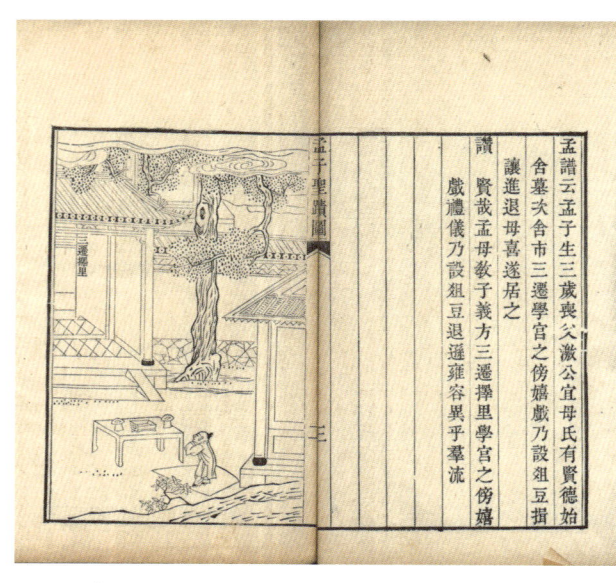

《孟子圣迹图》 三迁择里

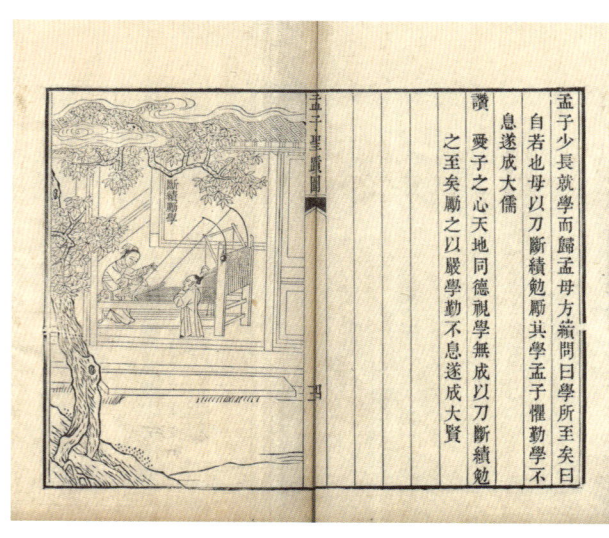

《孟子圣迹图》 断织励学

现的是人的99.99的禽兽之性，而作为人之为人的0.01的"几希"之性，即"人性"就无法呈现。而之所以"教化"能呈现"人性"，这个事实本身就说明"人身"上具有能呈现的"基因"。我想这个"基因"就是"理性"，因为仅就知性这点来说，人比禽兽具有了"优质性"。我们当然也知道，动物禽兽通过"训化""教化"也可以使它们更温顺些或说少些野性，再通俗地说，更通人性，但是它们终究不可能与人相比的。诚如《礼记》所言："鹦鹉能言，不离飞鸟，猩猩能言，不离禽兽。"《中庸》说："修道之谓教。"实际上这都是在申论后天的教化功能。由此可见，儒家的人性论既强调人性的先天性，也强调人性的后天性，由此构成儒家人性论一个非常显著的特点。

所以在这里有必要对儒家的这一人性理论与马克思主义有关的思想进行简单

稷下学宫遗址

的比较研究。应该明确指出的是,马克思主义也提出过"知识"+"生活方式"来呈现"良心"的观点的。实际上马克思主义所说的,与中国传统儒家所说的良心的呈现是靠后天的环境决定的,在其本质上是相当一致的。马克思主义所说的人性的善恶是后天形成的,按照儒家孟子的说法,就是人性中的善与恶究竟呈现什么或说呈现多少,那是靠后天的环境来决定的。比较一下这两种说法,难道发现不了他们其实都在强调同一个道理吗?!但这里却又存

白鹿洞书院

以上两图为岳麓书院

在一个不能忽视的问题。如果人身上先天不存在那些善恶的"基因""种子",那怎么会被呈现呢?从这个意义上说,马克思主义理论是非常明确包含着承认人性中的先天成分的。没有了内因,外因再强也是不能发生作用的。所以我们应该辩证地去看待这一问题,尤其是马克思主义的理论。说得再通俗些,马克思主义是承

应天书院

江南贡院

嵩阳书院

认人具有先天和内因的"良心"的存在这一事实的。马克思说:"掌握着我们的意识、支配着我们信仰的那种思想(理性把我们的良心牢附在它的身上),则是一种不撕裂自己的心就不能从中挣扎出来的枷锁。"(《马克思恩格斯全集》第1卷第134页,人民出版社1956年版)在马克思那里是承认有良心存在的,并将良心视为人之为人的最高最后的归止之地。这应该引起我们的高度重视。但同时也应注意到,在论述到良心问题时要紧紧与人的理性联系在一起。也就是说,理性与良心是有互动作用的,亦说明马克思主义是承认人的良心存在,且是最高存在的。

2. 既重人性的独特性之德性,又重人性的优秀性之理性

孔子和孟子为什么那么强调人的主观能动性在开启和光明"良心"时的作用,其实亦在强调人的理性自觉的重要性!孔子说:"我欲仁,斯仁至矣"(《论语·述而》),"为仁由己"(《论语·颜渊》)。以后也成为中华传统文化的一个有机组成部分的佛教亦喜欢强调人

们的"发心"的重要性。也就是说,"我欲仁""我发心"是人的"能力",且是人与生俱来的能力,即属于人的"本能"。这也就理解了,为什么哲学上那么强调人的自觉性、人的反思性、人的反省性。中国哲学将此种能力又称为"觉解"。理性与自觉常常被连用,叫做"理性自觉"。于此,我又想到了,其实王阳明的"致良知"思想,也是在强调要发挥人们的这种在呼唤人的先天之天良过程中的"理性自觉"的重要作用。通俗地说,这叫做"做主"。简言之,"我欲仁""我发心"就是在强调"我做主"。

上述情况就决定了中华传统文化十分重视对人性问题的探讨。实际上关于人性的问题,尤其是人性善恶问题,尽管在中国古代讨论得很热烈,而且有不少不同观点,但是,以孟子为代表的儒家明确地告诉你,他们定义的"人性"就是为人所独有而其他存在不具有的属性,在此基础上,再找出人身上所表现出的较之于其他存在的优越性。孟子以"几希"的"心性",宋明理学以"德性""天地之性"和"知性",或"见闻""气质之性"等概念来表述这些问题。在我看来,德性叫"有这个心";知性叫"有这个力"。仅有"心"没有"力"是不行的。同理,仅有"力"而无"心"就会出乱。"有这个心"表示的是人之为人的"特质性";"有这个力"表示的是人之为人的"优质性"。而"特质性"与"优质性"比较

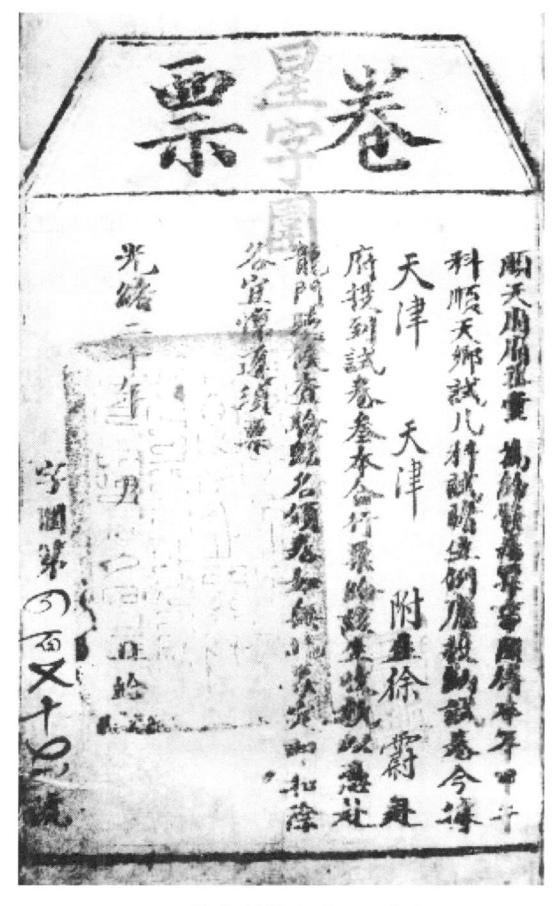

清代科举乡试的"准考证"

殿试

起来，还是"特质性"更能表示人的本质属性。因为"特质性"表示的是只为"我"所有，而其他则没有；而"优质性"表示的是"我"比其他要多、要强、要好而已。应该承认的是，在"知性"上，低于人类的动物也"有知"，但它们的天赋之"知"显然远远赶不上我们人类。与此相关，在心理层面，动物也是不能与人类相提并论的。人类的这个"自然力"是宇宙间最强大的。然而，在正视和重视这一"自然力"的同时，千万不能忘却还有比其更为重要的"自然力"的存在，那就是"良心"。所以在我看来，"良心"亦可以被翻译和理解为一种"自然的心力"，又被通俗地称为"这个心"。为了突出和强化这一"自然的心力"，中国哲学中的儒家哲学又给安上了好几个名字，有的叫"良心"，有的叫"良知"，有的叫"良能"，有的叫"天良"，有的叫"明德"，有的叫"至善"，有的叫"天地之性"。这一"自然的心力"在"人身"中所占比例是很小的，小到0.01，所以孟子才称其为"几希"，所谓"几希"，就是一点点的意思。但你千万不要小看这个一点点，它数量不大，但它具有巨大的质量和能量，合称为"力量"。这就是为什么说到"心"的作用常常会说"心量广大"，或为什么说当你尽了心了，知了性了，就可以知天了。当然，尽管此力强大，但它又不能落在空处，需要有一种力量将其放大，并最终发挥出它的天赋的"正能量"。这个"助力者"当是"知性"。通俗地说，以"德性"为基础的"知性"才能发挥出"心力"所要求达到的"正能量"。而反过来说，如果"知性"缺了"德性"这一基础性的存在，那么，由"知性"所发挥出来的可能就是"负能量"了。在此情况下，无这个"心"的那个"力"（知性之力）越大，其负面所产生的破坏力也就越大。通过以上分析，实际上是要提醒我们，如何处理好"德性"与"知性"、"特质性"与"优质性"这一同属于"自然性""自然力"的两种性、力的关系问题是十分重要的事情，这是一个不应该得到偏颇处理的问题。具体说来，不要因为过分强调"德性"的"特质性"之重要性，而就此忽视"知性"的重要性；同样，不要因为过分强调"知性"的"优质性"之重要性，而就此忽视"德性"的重要性。既要"有心"，又要"有力"（这仅指的是"知性"所产生的力）。有心无力办不成事，而无心有力则可能办坏事。有心加有力，必成大事和好事。明白上述道理，你就能理解中华传统文化，特别是儒家文化在道德伦理上的许多主张了。既承认道德的先天性，又注重后天环境对道德呈现状况的决定性作用。既重"明明德"的源头，又重"明教化"的过程。"天命之谓性，率性之谓道，修道之谓教"（《中庸》），此之谓也。

需要强调指出的是，道德的问题始终是与人性的问题联系在一起的。善心善性与理性的呈现的一个非常明显的标志就是"人的自我完善"。换句话说，"人的自我完善"的过程就是心性呈明与理性发扬的两个过程。解决"天下为公""天下大同"这一人类的永恒追求和价值目标以及构成了人类精神世界的"崇高对象"，其最关键的问题乃是要不断超越人的动物性。由此亦可见，探讨人与动物的差异性构成了中国哲学的主要问题，这是极其有意义的。超越动物性有两个重要的方面：培养自己的善心和理性，成为有道德有远见的人。一方面要自觉培养自己的善心，从善的本能转化为一种自觉的博爱。另一方面则要理性。我们应该将其两端，即"善心"与"理性"同时关注到，不能忽视任何一方。作为中华文化主体的一方，既要关注"善心"，也要同时关注"理性"；作为西方文化主体的一方，既要关注"理性"，也要同时关注"善心"。因为在以前，中西方都犯了只注重自己文化特色的一面，而相对忽视人的另一性。而在中国近代，则又丢掉了自己重"善心"的传统，而一味强调西方的"理性"。这样做的结果都是片面的。简言之，人性当包括了人性中的"善性"与"理性"。由此可见，儒家的人性论既强调人性之独特性的德性一面，也强调人性之优秀性的理性一面，由此构成儒家人性论又一个非常显著的特点。

为了更深入地理解这一问题，我这里再结合对被称为社会和人生所要达到的最高境界，即"止于至善"思想做些剖析。"止于至善"是《大学》所列"大学之道"或说"三纲"的最后一纲，也是最高的境界。"止于至善"应是包括了一切"知"与"行"的全部内容。也就是说，这个命题既有心性意义的良心的概念，也有理性的自觉。在这里特别值得强调指出的是自觉的对象问题。通俗地说，人用理性自觉到什么呢？答案就是"良心"。换句话说，要明白的是，理性一个非常重要的功能就是表现在对人之为人的良心的自觉。唯其如此，良心才有个发动处。没有了理性的作用，良心可能也就成为一个死物。当然又必须指出的是，理性也只有在这个意义是完全正面的、积极的。也就是说，理性一旦不与良心紧密挂钩的话，这一理性就可能成为脱缰的野马，从而呈现出理性的许多负面作用来。另外还有信仰的成分。"止于至善"其本身就是被作为儒家的信仰境界而推崇的。由此可见，良心、理性与信仰都集中在了"止于至善"这个命题之中了。当理性和信仰都最后内化"良心"之中，其产生的力量才是强大无比的。这也充分说明了，良心的基础性作用以及目标性的召引。

马克思主义充分认识到了这一点,使得其理论多了几分人性论的说明力。更为重要的是,使得马克思主义与中华传统文化有了更加紧密的亲切感。马克思主义要在中国能够更加深入人心,那一定要与中华传统文化,特别是儒家文化及其价值观形成内在的贯通性。就像"良心"问题,如果马克思主义缺了这一块,必然会成为很大的问题,它就少了对话的基础性问题。当然反过来说,中华传统文化也要充分注意到理性在人的活动中的作用问题。挖掘存在于儒家文化中的论述良心与理性关系的观点和思想。例如孟子的"心之官则思"以及荀子的"天官"等概念和思想。还有《大学》里的"格物致知"论。要分析为什么要在"诚意""正心"之前来谈格物致知的问题,其间那是一定存在内在的逻辑关系的,即理性与良心的关系问题。如果都对这些问题注意到并弄清楚了,许多问题也就弄明白了。更重要的是,也就找到了中华传统文化与西方文化以及马克思主义的关系问题了。

(四)中华传统美德有十德

尽管先前在中国学界有过不少对中华传统美德的概括和研究成果,但是,在选择哪些德目时却存在非常不同的观点,有的过于繁杂,有的过于笼统,有的过于重复,因而无法给人以全面而又准确的印象。

对于中华传统美德的概括自古以来就非常丰富。有孔子的"四教说",即文、行、忠、信。有孔子的"十德说",即恭、宽、信、敏、惠、温、良、恭、俭、让。有孔子的"二道说",即忠道与恕道。有孟子的多项"四德说",即仁、义、礼、智;仁、义、忠、信;孝、悌、忠、信。有《中庸》的"三达德说",即仁、智、勇。有管子的"四维说",即礼、义、廉、耻。有《大学》的"五德说",即仁、敬、孝、慈、信。有汉代正式建立的"五常说",即仁、义、礼、智、信。有《周礼》的"六德说",即智、仁、圣、义、忠、和。有宋代正式建立的"旧八德说",即孝、悌、忠、信、礼、义、廉、耻。有孙中山提出的"新

仁義禮智信
孝悌忠廉恥

黄庭坚体 十德

八德说",即忠、孝、仁、爱、信、义、和、平。有《书》提出的两项"九德说",即宽、柔、恭、敬、毅、温、廉、刚、义;忠、信、敬、刚、柔、和、固、贞、顺。有《礼》提出的"十德说",即慈、孝、良、悌、义、听、惠、顺、仁、忠。另外还有公、节、敬、诚等等从不同侧面去概括中华传统的美德。

如何从上述诸种美德中选择出足以能够全面而又精确反映中华传统文化的价值观及其精神,并能够避免重复论述?作者通过长期研究,最终提出以下十德说,即仁、义、礼、智、信,孝、悌、忠、廉、耻。

换句话说,作者为什么要选择这十德作为中华传统美德呢?理由除了此十德全面反映了中华传统文化的精神以外,还在于此十德涵盖了其他诸德所反映的精神。

"仁德"当包括忠、恕、宽诸德,并反映出仁爱的精神,所以,无需专门再论及"忠恕"二德及"仁爱"诸德。换句话说,在论述"仁"德中,一定是要通过对"忠恕"二道的论述才能说清楚"仁"德。也就是说,"忠恕"二道是"仁道"的具体表现,所以说,无需再将它们单独抽出来加以讨论。

"义德"当包括正义、公平、节操之德,并反映出正义的精神。"义"

德虽然有众多含义，但"平""和""正""公"则是它的本质内涵，所以，无需专门再论及"节"、"和"、"平"诸德。也就是说，"节义""节操"之德所宣扬的道理和精神，在"义"德当中既已存在。孟子的所谓"舍生取义""穷不失义"都是在这个意义上立论的。还应指出的是，与忠孝相联的"忠"德，其实也包含着"节义"的道理和精神。我们在讨论"义"德和"忠"德时会专门论述包含在其中的"节操"精神的。

"礼德"当包括恭敬、谦让之德，并反映出礼敬的精神。所以，无需专门再论及"恭"、"敬"、"让"诸德。在中国古人看来，虽然礼有成百上千种，但"可以一言蔽之曰：毋不敬"。孟子也认为，"有礼者敬人"。礼是要通过一定的形式来表征对对象的庄敬、恭敬、尊敬、崇敬之情之意。所以，"敬"构成礼之纲要和要旨。而"礼敬"则又通过"礼让""礼谦""礼卑"得到具体落实。还有，礼德的直接功用即体现在它能够促使"和谐"局面实现。"礼之用，和为贵"，此之谓也。也就是说，有关"让""谦""和"等之德，我们也会在"礼"德中加以阐发。

"智德"当包括温和、良善之德，并反映出向善的精神。所以，无需专门再论及"温"、"良"、"和"诸德。当然我们会在论述"智德"的时候，提出自己的独特见解，强调"智"不能从聪明、智慧意义上去理解它，而是明确指出"智"是良心、良知的同义词。它是一切道德所由产生的基础，亦是判断一切道德是非真假的标准。所以我以一个"善"字来反映"智"的道理和精神的。我的概括是"智以善之"。既然认识到"智"不是作为一个道德的德目及其精神而存在的，

黄庭坚体 五常

孝悌忠义
礼义廉耻

黄庭坚体 八维

但又为什么要选择它来加以论述呢？我想原因很简单，因为它与"仁义礼信"四德一起构成了五常，并成为中华传统文化的核心价值观，所以不能不对它进行阐发。再有我们正可能通过自己的研究成果，并结合对"智"的专门研究，引出一切道德所产生的人性论基础这样一个带有非常深刻的学术和理论问题，并加以深入地探讨。

"信德"当包括"诚"之德，并反映出诚信的精神。我们虽然特别注意到了，在研究中华传统美德的成果中，"诚"德往往被提到一个非常重要的位置来加以研究和弘扬，但我们又知道，"诚"与"信"二德是可以相互诠释的。"信，诚也"（《说文解字》），此之谓也。所以，当你发现和注意到了这一问题的时候，你就需要在论述某个德目时特别要将与此相关的德目进行必要的交待。例如，我们在论述"信德"的时候，会将"诚"加以专门论述，并以此加深对"信德"本身的理解和把握。另外，我们选择的"忠德"中实际上也包含着"诚"的道理和精神的。这也就是为什么没有选择"诚"德的原因之所在；

"忠德"当包括诚敬、正直、勇敢、节操等道理和精神,并反映出忠诚、忠敬、忠正、忠勇、忠义的精神。"忠,敬也"(《说文解字》),"忠,无私也"(《广韵》),"忠竭诚也"(《六书精蕴》),"忠,直也"(《玉篇》),此之谓也。所以,无需专门再论及"敬"、"诚"、"勇"、"节"、"公"诸德。

"廉德"当包括公、俭、让之道理和精神。"廉公""廉俭""廉让",此之谓也,并反映出廉洁、廉清、廉白的精神。所以,无需专门再论及"公"、"俭'、"让"诸德。

"耻德"被称为全人之德,所以此德具有很大的涵盖性。存在于"耻德"中的一个主旨乃是让人知道,你"当其所为"的,但你没去为,你"不当其为"的,但你去为了,对此你应该觉得羞耻。这样一种道德情感是对所有道德的维护和保障。

"孝悌"二德更是作为最具中国特色的道德而在几千年的中国传统社会广泛流行,它们不但成为全德之仁的根本和源头,而且也成为百善之先。正因为如此,对此二德的研究就显得必不可少和非常重要了。"孝"主张"善事父母","悌"主张"善事兄长",当然,后来又发展为"善兄弟"。然而,对于这一直接产生于中国传统社会的宗法和政治基础之上的伦理道德进行历史、辩证地实事求是的分析和研究就显得更加重要。

在这里还值得强调指出的是,我们还会注意到在论述具体德目时概括出由此德所养成的中国人的传统美德。也就是说,不是由某单个德目而表示的传统美德。例如,人们常用"仁爱忠恕"四个字来表示中华传统美德,那么我们就会在"仁"德中具体来提及这一问题。再如,"见义勇为"是中华传统美德,我们会在"义"德和"忠"德中具体来论述这一问题。"扶危济困"是中华传统美德,我们会在"义"德中具体来论述这一问题。"敬业乐群"是中华传统美德,我们会在"礼"德和"忠德"中具体来论述这一问题。"童叟无欺"是中华传统美德,我们会在"信"德中具体来论述这一问题。"尊老爱幼"是中华传统美德，我们会在"悌"德中具体来论述这一问题。"公而忘私""天下为公"是中华传统美德，我们会在"忠"德中具体来论述这一问题。"忠勇爱国"是中华传统美德，我们会在"忠"德中具体来论述这一问题。"勤俭节约"是中华传统美德，我们会在"廉"德中具体来论述这一问题。我们这样来处理对中华传统美德的论述和宣传，从理论上有一个重要的支撑，那就是所有成为中华传统美德的，其实都是牢固地建立在中华传统文化核心思想理念或说核心价值观的基础之上的。更为重要的是，实际上中华传统文化的核心价值观的充分展开也就形成了中华传统的美德。

选择"仁、义、礼、智、信、孝、悌、忠、廉、耻"这十德，还有一个最重要的标准。这个标准就是要确定是什么思想、精神和信仰构成了中华传统文化最具中国特色并最终构成这一文化的核心价值观以及成为维系一个国家民族的绳索和支柱，从而这些核心价值观和国家之维最终构成了这个民族国家人民的"DNA"，即基因。答案是：五常之仁、义、礼、智、信，国之四维八德之孝、悌、忠、信、礼、义、廉、耻。随便提示一下，五常的仁、义、礼、智、信，是由《孟子》几处都提到的由恻隐之心、羞恶之心、辞让之心、是非之心这"四心"而生出的"仁义礼智"四德，再加上为孔子和孟子也十分强调的"信"，在西汉时期被合成的。而由"孝、悌、忠、信、礼、义、廉、耻"所组成的八德，其实是由《孟子·梁惠王》中的"孝悌忠信"再加上《管子·牧民》中的"礼义廉耻"所组成的。当然，在"五常"和"四维八德"中有几个德目是重合的，即"义""礼""信"三德。所以，除去这重合三者，最终而有了"仁、义、礼、智、信、孝、悌、忠、廉、耻"这十德呢！这也是我之所以将中华传统美德选定为"十德"的最重要的依据所在。当然在这里也值得指出的是，儒家所信奉的"礼义"思想与《管子》所倡导的"礼义"思想是有着不同规定的，我们会在论述到《管子》"国之四维，礼义廉耻"思想的时候做出具体分析的。但是，我们的重心还是在阐释儒家的"礼义"思想。

（五）中华传统文化核心思想理念和价值观

中华传统美德的建立，中华传统文化核心价值观的确立，中华传统人文精神的形成，所有这些都是为了推进社会文明的建设，并最终实现化成天下的目的。用中华传统文化的术语说就是要"文明以止""止于至善""化成天下"。正因为上述问题之间是存在逻辑关系的，所以我一直认为，在研究中华传统美德的时候，与此相联系的几个问题一定要弄清楚，这就是如何定位"中华传统核心思想理念""中华传统美德"以及"中华人文精神"。

实际上本书就是具体对"中华传统美德"进行专题研究的成果，其间当然会涉及对中华传统核心思想理念，即中华传统文化的核心价值观问题的概括和探讨。我认为的中华传统文化的"核心思想理念"是指：第一，仁、义、礼、智、信等的核心价值观（这是从价值取向方面去立论的）；第二，天人合一、形神合一、情景合一、知行合一、体用合一、道器合一、内外合一等诸多合一的思维方式（这是从思维方式方面去立论的）。简单地说，核心思想理念是由价值取向与思维方式两方面的内容所组成的。实际上习近平同志所概括的中华传统文化的核心思想理念正是体现了这两方面的内容。讲仁爱、重民本、守诚信、崇正义四句属于价值取向的问题；尚和谐、求大同两句属于思维方式的问题。在这里值得指出的是，上面的核心思想理

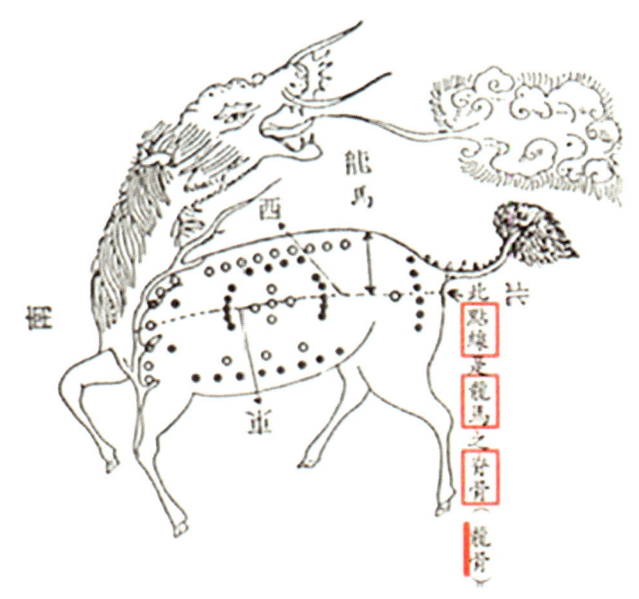

反映"天人合一"观念图

念和中华传统美德是有重合的地方。具体说来，属于核心思想理念的"仁义礼智信"之五常当然也可以称为"中华传统美德"。同样，上述中华传统美德中不少当然也可以称为"中华传统文化核心思想理念"。

（六）中华传统人文精神

实际上，在中华传统文化中的价值取向和思维方式问题，其中始终包含和强调着关于社会和人生朝着什么方向和地方归止和安止的问题，而这一问题则又构成了富有中国特色的人文精神。所以，在这里就非常有必要对中华人文精神问题谈些认识。什么是中华人文精神？回答这一问题，我认为一定要紧紧扣住"人文"这个概念所要表达的意思及其与此相关的问题是什么，换句话说，对中华人文精神的概括和总结，一定要在"人文"概念的原始义和经典义上来进行，否则都会游移其外而不得要领。我对"中华人文精神"的概括是：归止文明的方向；归止至善的目标；归止做人的道德；负起化成天下的责任；力行"四为"的情怀。具体阐释如下：

其一，"归止文明的方向"。这一文明的方向是代表光明和美丽的方向。《周易》解释"贲"卦时说到："文明以止，人文也。"此卦的卦象是"下离上艮"（☲）。离（☲）为火，表示光明和美丽；艮（☶）为山，表示安止和归宿。意思是指，人应该朝着和安止于光

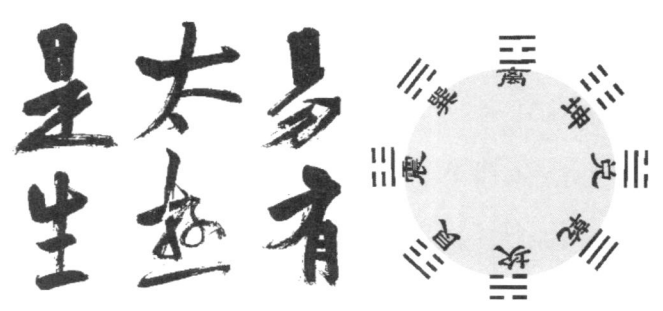

朱子书易系辞之一　　文王之后天八卦图　　六十四卦

明和美丽之境。这一光明和美丽的方向就是心性的方向，谓之心性的文明，而能够归止和安止于此的就是“人文”。由此可见，“人文”概念与“文明”概念形成了内在的关联性。总之，“人文”精神是指能具有向着光明美丽这一“文明”之境归止和安止的情怀。简言之，中华人文精神是指人要有方向。

其二，“止于至善的目标”。这是在具体回答什么地方是光明美丽的文明地方这一问题。儒家认为人文所要归止的文明之地就是“至善”。“止于至善”（《大学》语），此之谓也。所谓“至善”是表征超越善恶、人之为人的本来状态，在儒家看来就是“良心”。而在道家看来就是“道心”，在佛家看来就是“佛心”。这只是三家对人之为人的本来状态的不同表述而已，如果选一个共同的概念，那当然就是“初心”。而这一“初心”正是构成人之为人的那个孟子所谓的“几希”。“几希”就是“良心”，“良心”就是“至善”。从这里可以清楚地看到“人文”与“止于至善”以及“良心”的内在关联性。简言之，中华人文精神是指人要有良心。

其三，“归止做人的道德”。这

周易兼義上經乾傳第一
魏 王弼注
唐 孔穎達正義
乾下 乾上
乾元亨利貞 疏 正義曰乾者此卦之名謂之卦者易
云卦者掛也言懸掛物象以示於人故
謂之卦但二畫之體雖象陰陽之氣未成萬物之象
未得成卦必三畫以象三才寫天地雷風水火山澤之象
之象乃謂之卦也故繫辭云八卦成列象在其中矣
是也但初有三畫雖有萬物之象於萬物變通之理
猶有未盡故更重之而有六畫備萬物之形象窮天
下之能事故六畫成卦也此乾卦本以象天天乃積
諸陽氣而成天故此卦六爻皆陽畫成卦也此既象
天何不謂之天而謂之乾者天者定體之名乾者體

《周易》王弼注、孔颖达正义

者以其柔來文剛陽得陰助而離明於內
故爲亨以其剛上文柔而艮止於外故小
利有攸往 彖曰賁亨 本義 亨字疑衍 柔來而文剛故
亨分剛上而文柔故小利有攸往天文也
本義 以卦變釋卦辭剛柔之交自然之象
故曰天文先儒說天文上當有剛柔
交錯四字理或然也 文明以止人文也 傳 卦爲賁飾之象以上
下二體剛柔交相爲文飾也下體本乾柔
來文其中而爲離上體本坤剛往文其上
而爲艮乃爲山下有火止於文明而成賁
也天下之事无飾不行故賁則能亨也柔
來而文剛故亨柔來文於剛而成文明之
象文明所以爲亨也賁之道能致亨實由
飾而能亨也分剛上而文柔故小利有攸
往分乾之中爻往文於艮之上也事由飾

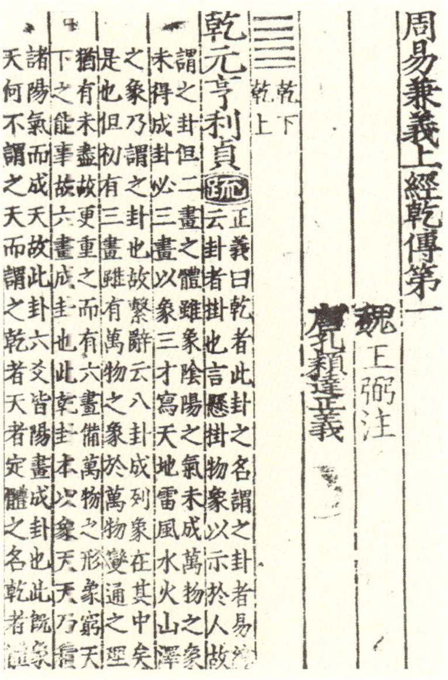

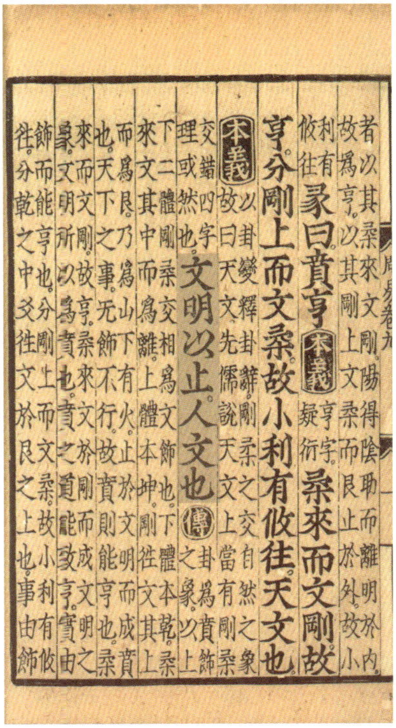

“文明以止”《周易经传传义》〔宋〕程颐、朱熹撰 明刻本

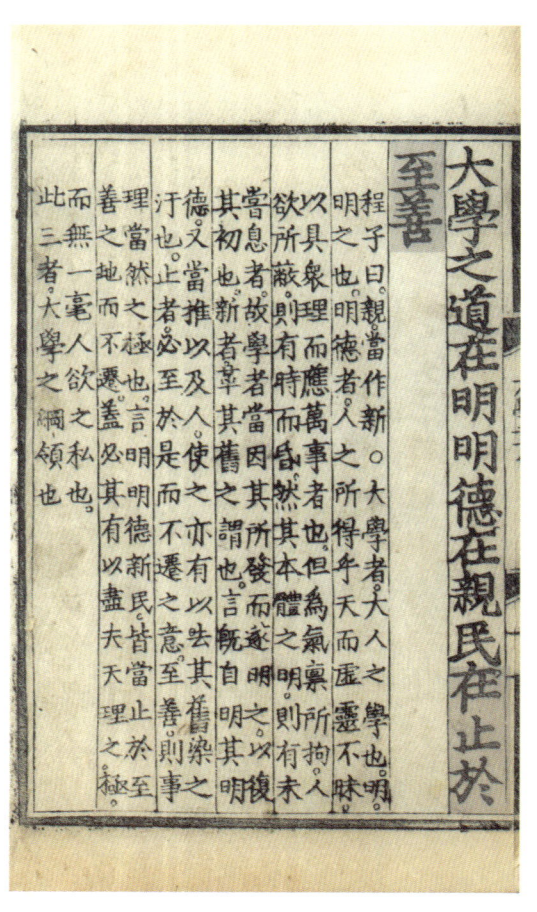

"止于至善"《大学章句》〔宋〕朱熹注明嘉靖二十七年(1548)伊藩刻四书集注本

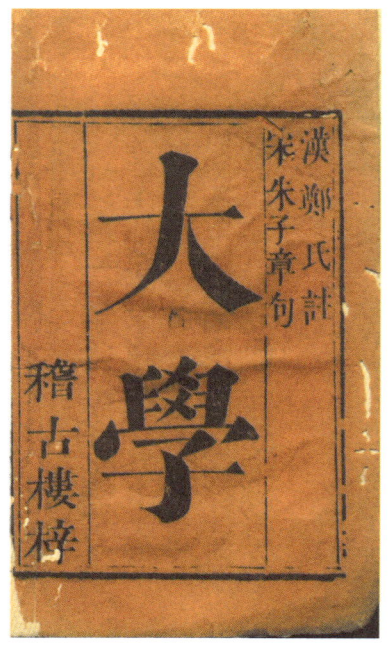

《大学》一卷〔汉〕郑玄注〔宋〕朱熹章句 清同治十二年(1873)稽古楼刻本

是在具体回答和解决至善和良心表现在某个人的身份和角色归止和安止于怎样的道德之上的问题。《大学》说:"为人君止于仁,为人臣止于敬,为人子止于孝,为人父止于慈,与国人交止于信。"也就是说,只要归止和安止于"仁敬孝慈信"这些道德,那么就表示你归止和安止于至善了。由此可见,所谓"人文"精神是指人保存有良心以及各按不同的身份应归止和安止的"仁敬孝慈信"之德行。从这里可以清楚地看到"人文"

张载

与"归止做人的道德"的内在关联性。简言之,中华人文精神是指人要有道德。

其四,"化成天下的责任"。人文的精神是体现在它要实现和达到"化成天下"的目的。"观乎人文,以化成天下"(《周易》语),此之谓也。从这里是可以清楚地看到"人文"与"化成天下"的内在关联性。大家应注意的是,这里所提出的"天下"概念不是指地域或空间意义上的全世界,而是指"文明"总和的那些要素。具体说来,包括:人的心性,人的气质,人的道德,人的生命,人的品格,人的言行,人的生活方式,人的生存样态,世道人心,社会风尚,思想、精神和信仰等等。所以"化成天下"就可以归纳为以下几个方面的问题:净化心性,变化气质,淳化世风(我称其为"三化"),成就道德,成长生命,成全人格(我称其为"三成"),和谐社会,和快自然(我称其为"两和")。也就是说,所谓"人文"精神是指当肩负起"化成天下"的责任。简言之,中华人文精神是指人要有责任。

其五,力行"四为"的情怀。这一"四为"的情怀主要是指北宋张载,

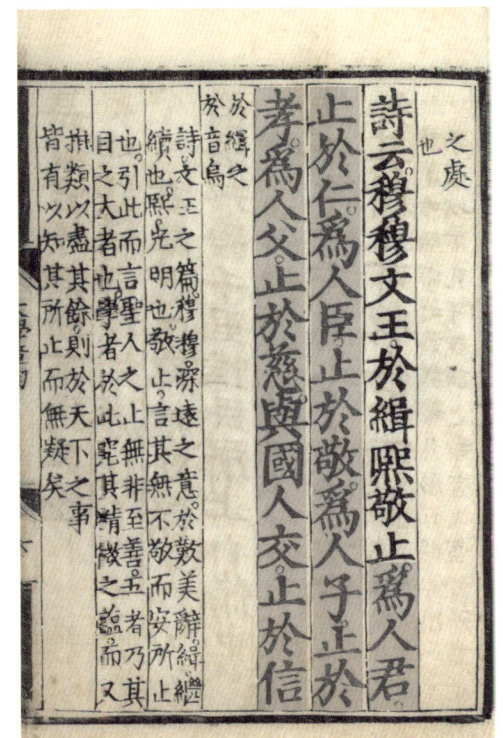

"为人君止于仁"《大学章句》〔宋〕朱熹注明嘉靖二十七年(1548)伊藩刻四书集注本

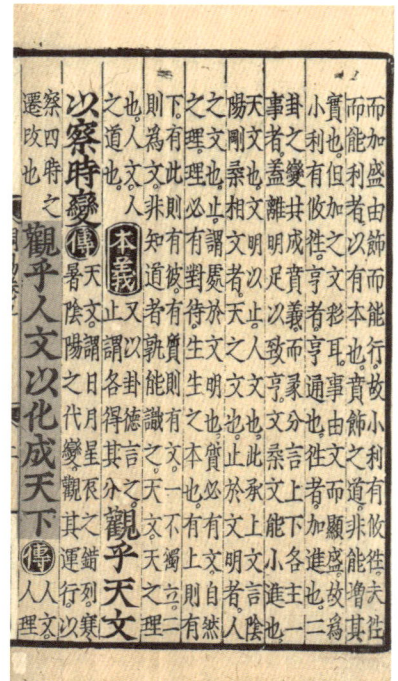 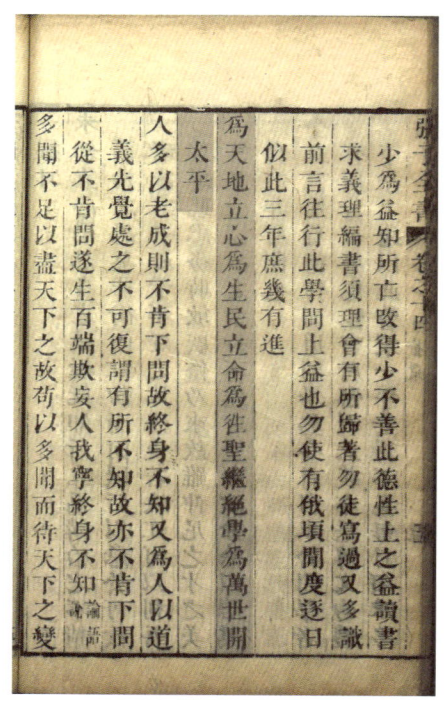

"观乎人文以化成天下"《周易经传传义》〔宋〕宋程颐、朱熹撰 明刻本

"为天地立心"〔宋〕张载撰 康熙五十八年朱轼刻本

也即张横渠那四句名言,即"为天地立心,为生民立命,为往圣继绝学,为万世天太平"。此名言被称为"横渠四句",又称"四为说"。横渠四句是对士大夫,或说知识分子的具体要求。有此精神才能被称作知识分子。也就是说,所谓"人文"精神是指一个具有"为天地立心,为生民立命,为往圣继绝学,为万世天太平"的志向、使命和担当。简言之,中华人文精神是指人要有使命感。

综上所述,归止文明的方向,归止至善的初心,归止做人的道德,化成天下的责任,践行"四为"的使命以及能"依仁游艺"以实践"文以载道"等构成了中华人文精神的内涵和外延。

（七）文化就是人文教化

懂了"人文"就懂了什么叫做"文化"。所谓"文化"就是"人文化成"或说"以文化人"的意思。而所谓"人文化成"的意思当是指以人文精神教育人民，养成良好社会风尚。或者也可以说，所谓"文化"就是"人文教化"。"人文"即为"修道"，"教"即为"教化"。《中庸》所说的"修道之谓教"要表达的就是这个意思。

这里值得强调指出的是，弄清了什么叫做中华人文精神以及文化的功用以后，就可以知道所谓真正的"人文学者"和"文化人"主要是就他的精神和情怀而言的，并不是说你有了高级职称，有了著名的头衔，有了高超的专业技艺，能出专著，能发文章，能写剧本，能导演影视，会搞研究教学，会写字画画，会唱歌跳舞等等就表明你是人文学者和文化人了。"文化"者，一头"观"着"人文"，一头"化成"着"天下"。可见"文化"或"文化者"首先必须解决的是"人文"素养、精神的"定性""定位"问题。通俗地说，"文化者"或一切载道的文化，如果"自身"缺乏"人文"的定位和定性，那如何可以"化成天下"呢？即"文化者"本身就不"人文"，即不"文明"，不"光

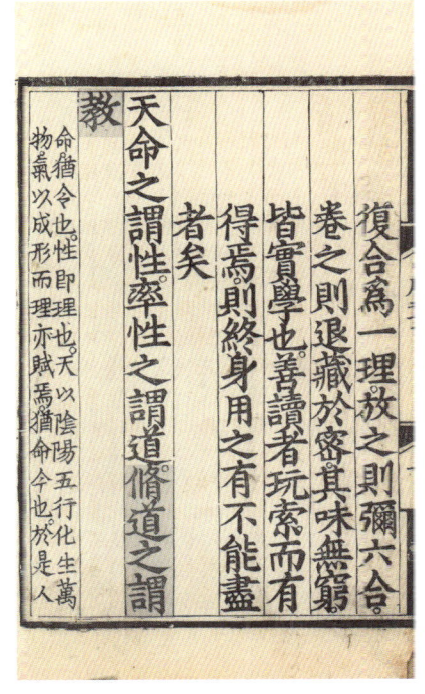

"修道之谓教"《中庸章句》〔宋〕朱熹注 明嘉靖二十七年（1548）伊藩刻四书集注本

明美丽",那么"它"的作用和效果必然是呈现"负面""消极""黑暗""丑陋"的。有鉴于此,如果要使更多从事一切文化建设的工作者成为名副其实的"人文"者,那么,首要和根本的问题是要使他们具有人文精神和情怀!方向和目标千万不能错!本末不能倒置,"本立而道生",此之谓也。

  这里实际上还有个问题也应引起我们的重视,除了强调"人文学者"和"文化者"要具有人文精神,中国今天要做的事,可能更多的要考虑让更多的中国人培养起人文精神和情怀,让全中国人都知道和懂得这样一个道理:作为人之为的根据的"几希"之良心以及由良心发出的"人文"精神的巨大作用是不允许被忽视的。这也是我常常喜欢说的,占"人身"上的那个0.01的"几希"体量虽然小,但"质量大也""威力强也"。只要我们善于培植,我们就会让它发挥出它应该有的巨大力量来。这也正是为什么孟子那么强调人要"善养吾浩然之气"的原因所在。中国人向来不缺乏人文主义精神,但影响面太小,只是读书人晓得。由于受到教育水平的限制,在过去广大人民群众少有接受"人文"观念的教育和宣传,而时至今日,在教育中又大大忽视这种"人文"教育,从而致使中国人在此方面严重或缺。通过以上分析,我们应该高度重视对"几希"以及由此而产生的"人文精神"的大力弘扬,以此来呼唤良善、抑制邪恶。

(八)结语

  需要强调指出的是,《什么是中华传统美德》力图在最本始的意义和较全面的意义上以及某德所包含的多重意义与价值上去论述十德。更为重要的是,要深刻揭示此十德所表征的中华传统的精神实质之所在。让国人清楚地知道什么是中华文化最深层的精神追求、最根本的精神基因和最独特的精神标识。在此基础上,真正找到中华传统核心价值观及其精神与社会主义核心价值观及其精神的内在关联性,从而对中华优秀传统文化进行一些具有创造性转化和创新性发展式的探讨,并最终建立起强大的文化自信。

最后需要指出的是,这是一部集学术性、理论性、思想性、现实性以及人性这一"五性"于一体的著作,当然一定也是能够让更多读者读懂的一部通俗性国学读本。

二 论仁

仁是构成中华传统文化主干的儒家思想的重要范畴，是中国古代竭力主张和推行的一种伦理原则和道德精神。《汉书·艺文志》说儒家是"游文于六经之中，留意于仁义之际"。"仁、义、礼、智、信、孝、悌、忠、廉、耻"作为中国古人的伦理纲常长期被中国人所信奉和遵循。社会主义核心价值观的培育和践行离不开对中华传统文化的继承，亦当离不开对包括仁、义、礼、智、信"五常"及孝、悌、忠、廉、耻在内的儒家思想文化的汲取。

（一）释仁

要给"仁"下个确切的统一的定义，这是一件非常困难的事情，原因有多种。"仁"字古义有多种，此其一；将"仁"作为自己思想的重要范畴的孔子在其著作《论语》中百余次提到它，但并没有一处给"仁"下过完整的定义，此其二；孔子之后，"仁"成为儒家思想的全体大德，各时期的儒家都不断地丰富"仁"的内涵，此其三。尽管如此，我们还是应该尽力抓住"仁"的本质内涵，呈现"仁"的主要原则，反映"仁"的重要精神。为了实现这一目标，我就按照上述三个方面来对"仁"进行一番阐释和说明。

由东汉许慎编著的中国第一部字典《说文解字》对"仁"作了以下的解释："仁，亲也。从人，从二。忈，古文仁从千、心，㒥，古文仁或从尸。"而出现在郭店楚简中的"仁"字，又被写成"㣎"，从身从心。综合上述所论，我们似乎可以得出以下几个重要信息。第一，"仁"的本义是要揭示和强调对"对象"的一种温和慈爱的亲近、亲密、亲切、亲热、亲善的道理和情感。这可从"仁，亲也"、"忎，古文从千、心"两处得到证明。第二，"仁"是用来处理"关系"的道理。这又具体表现在以下几重关系之中。其一，人与人的关系；其二，人与神以及自然的关系；其三，身与心的关系。这可从"从人从二"、"从尸从二"、"从身从心"三处得到证明。也就是说，"从人从二"表示的是人与人的关系；"从尸从二"表示的是人与神、人与自然的关系；"从身从心"表示的是身与心的关系。这里需要对"尸"之"尸"作些解释。"尸"之古字是人躬身肃立之象形，指古代祭祀时代表天子王侯等尊贵死者受祭的活人，这种祭祀所要表达的是阴阳的相通，天人的合一，人神的感应，从而表征人类欲与神灵以及天地自然相互交流和关照的一种精神。

我们之所以从"仁"的本义和古义当中通俗地归纳出人与几重对象的关系，目的是让人懂得，其实"仁"所要表示的不仅仅是某一种关系，而是包括了多重关系。如此，可从理论上解决和超越如下偏差：或对"仁"只是作出人与人关系的定位，或对"仁"只是作出纯粹先天自然的定位。

（二）儒家诸子对仁的定义

1. 孔子释仁

应该承认，在儒家的创始人孔子那里，是将"仁"视为建立人与人相互亲爱关系的伦理原则的。它是反映了"从人从二"的仁的定义。对此，清人段玉裁明言："'相人耦'犹言尔我亲密之词，独则无耦，耦则相亲，故其字从人二。"孔子是通过两句名言表现出他主张的"仁"是关于人与

孔子像

人关系的道理的。第一句是:"樊迟问仁,子曰:爱人。"(《论语·颜渊》)第二句是:"夫仁者,己欲立而立人,己欲达而达人。"(《论语·雍也》)"爱人"就是爱他人。"己人"就是自己与他人。由此可见,孔子是将人与人的相互关系定性为"爱"的关系。如此,也就着重在人与人关系上体现了"仁,亲也"的仁之本义及通义。

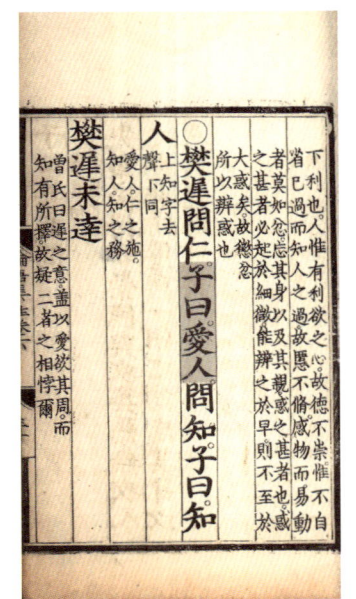

"子曰爱人" 《论语集注》
〔宋〕朱熹注 明嘉靖二十七年
(1548)伊藩刻四书集注本

2. 孟子释仁

到了孟子那里,"仁"的内涵就有所发展和丰富了。这主要表现在两个方面。一是突出"仁"是人之为人的道德心理和情感基础,也就是说,仁是人之为人的本质规定。孟子说:"仁,人心也。"(《孟子·告子上》)"仁也者,人也。"(《孟子·尽心下》)这是在揭示仁爱是人的本心,是人人皆有的良善本性,从而构成人的本质。此处是体现了"忎,古文仁从千、心"的仁之古义。二是突出"仁"是天的德性以及是赐给人的最尊贵的本质。孟子说:"夫仁,天之尊爵也,人之安宅也。"(《孟子·公孙丑上》)这句话的意思是说,仁是天最尊贵的爵位,是人最安逸的住宅。又说:"有天爵者,有人爵者。仁义忠信,乐善

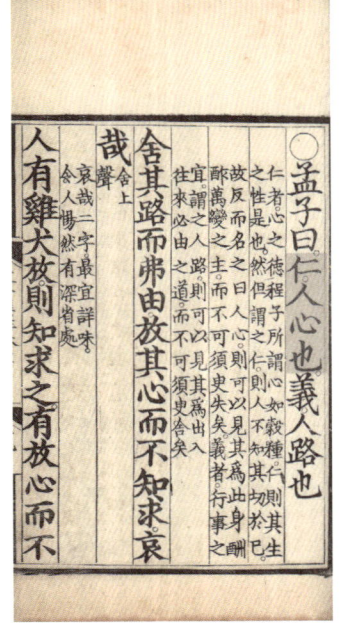

"仁人心也" 《孟子集注》
〔宋〕朱熹注 明嘉靖二十七年
(1549)伊藩刻四书集注本

不倦，此天爵也；公卿大夫，此人爵也。"（《孟子·告子上》）这句话的意思是说，有自然爵位，有社会爵位。仁义忠信，不疲倦地好善，这是自然爵位；公卿大夫，这是社会爵位。此处深含有"㐰，古文仁或从尸从二"的仁之古义。孟子又以"亲亲而仁民，仁民而爱物"（《孟子·尽心上》）的思想较全面地展现出"仁"的多重关系性。

孟子像

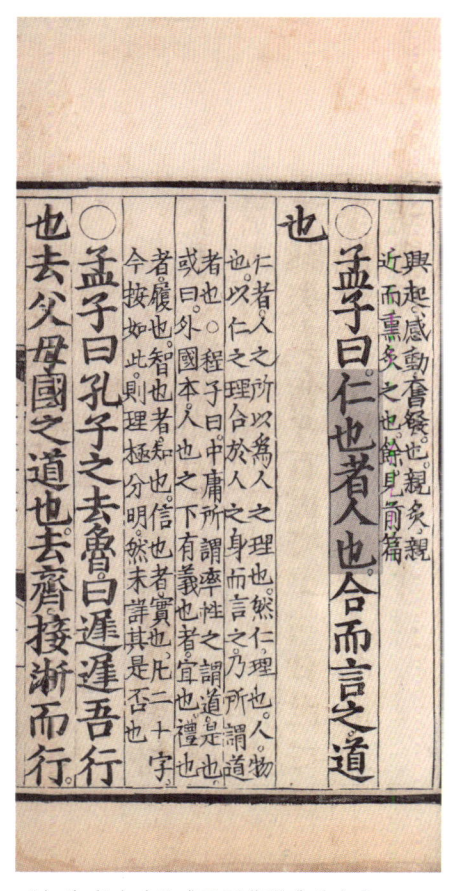

"仁也者人也"《孟子集注》〔宋〕朱熹注 明嘉靖二十七年（1548）伊洛刻四书集注本

董仲舒像

3. 董仲舒释仁

西汉大儒董仲舒将"仁"定义为"天心"。他说:"仁,天心。"《春秋繁露·俞序》这是将仁爱视为天的本质属性。这里要引起特别注意的是,董仲舒的这一视天地自然本身具有德性的思想代表着中华传统文化一个非常重要的特色。中华传统文化还认为,天地自然还会将仁爱等德性赋予人,从而使人天生禀承着这些德性。"天命之谓性"(《中庸》语),"盖仁也者,天地所以生物之心,而人物之所得以为心者也"(朱熹《晦庵集》卷77),向人们昭示的都是这个道理。

4. 韩愈等释仁

唐代的韩愈将"仁"定义为"博爱"。他说:"博爱之谓仁。"(《原道》)所谓博爱即是主张对一切对象的"一视同仁"。所以,"仁"发展到这里,显然具有了强调亲爱人类、亲爱自然这一人与人、人与自然和谐相处之道的深厚意味。而将"仁"的所有"关系"发展到最高阶段的当推宋明理学。人与人的关系、人与自然的关系、

"仁天心"《孔子集语》〔清〕孙星衍辑 清光绪三年(1877)浙江书局刻本

韩愈像　　　　　　　程颢像

身与心的关系又在张载的"民，吾同胞；物，吾与也"（《张载集·西铭篇》），程颢的"仁者浑然与物同体"（《识仁篇》），王阳明的"大人者，以天地万物为一体者也"（《大学问》）等的命题而得到完整体现。

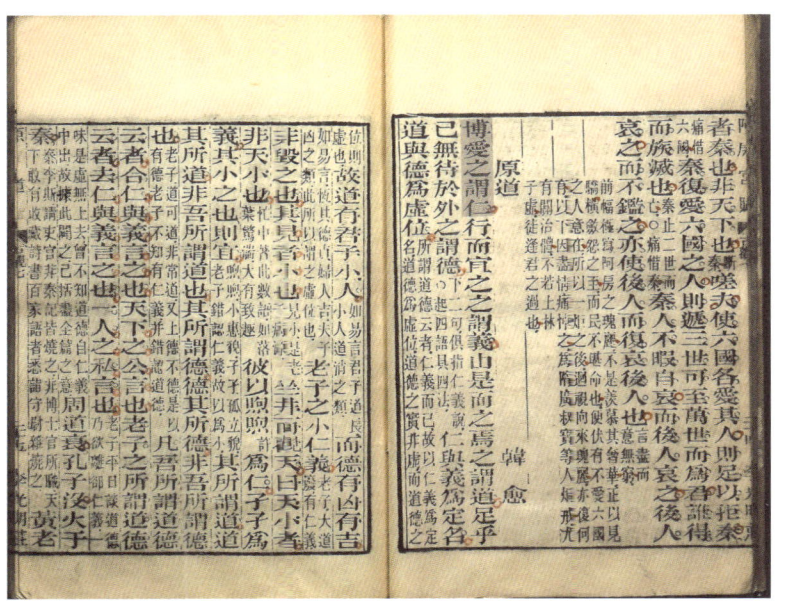

"博爱之谓仁"《原道》[唐]韩愈撰 清南京李光明庄刻本（一）

(三)仁德的具体表现

我们可以将仁德理解为仁道,而此道又有多道所组成,我概括出"五道":孝道,忠道,恕道,惠道,天道。下面分而论之。孝道属于孟子所说的"亲亲"的范围,忠道、恕道、惠道属于孟子所说的"仁民"的范围,天道属于孟子所说的"爱物"的范围。"亲亲而仁民,仁民而爱物"(《孟子·尽心上》),此之谓也。

1. 仁是孝道

因为要专门对孝德进行论述,所以这里只是就一些原则和主要的意识谈论一下。《汉书·艺文志》在谈到儒家时说它是"祖述尧舜,宪章文武,宗师仲尼"的,也就是说,儒家是远宗尧舜的道统,近守周文王、武王的礼法,尊崇孔子为师表的,而在孟子看来"尧舜之道,孝弟而已矣"(《孟子·告子下》)。孔子和孟子都是以继承尧舜之道为己任的。所以,孔子明确指出"孝悌"是作为"仁"之根本而存在的,同时也是作为"仁"之终的而存在的。"孝弟也者,其为仁之本与"(《论语·学而》),"弟子入则孝,出则弟,谨而信,泛爱众,

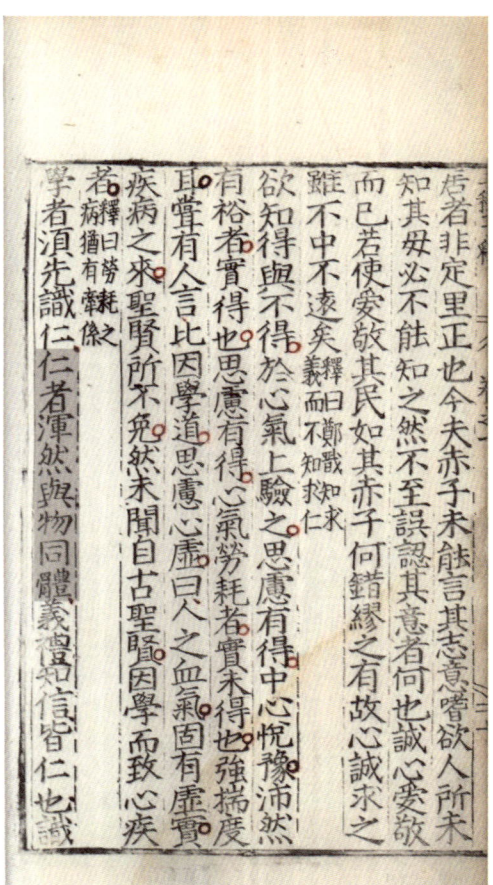

"仁者浑然"《二程子抄释》明嘉靖五年(1526)解梁书院刻本

而亲仁。行有余力，则以学文"（同上）。孟子更直接地指出："仁之实，事亲是也"，"亲亲，仁也"（《孟子·离娄上》）。也就是说，仁的实质在于善事父母双亲，即亲爱父母双亲就是仁。这里值得指出的是，在儒家看来，只有实现了"泛爱众"，才能达到"天下为公"的目标。那么，实现这一目标的途径和方法是什么呢？换句话说，实现"天下为公"的博爱，其人性论的根据和基础在哪里呢？儒家找到了"孝悌"。尧舜、孔孟均是如此。通俗地说，儒家从人性论的根本之处论述"孝悌"的终的乃是为了"天下为公""天下归仁焉"的博爱。由此可见，孝道与仁道以及天下为公之间存在着内在的关联性。

"孝悌之德"的基本内容是"父慈子孝""兄友弟恭"

2. 仁是忠道

在具体论述"忠道"和"恕道"之前，先应交待和讨论究竟什么是孔子所重的且是"一以贯之"的"道"的问题。关于这个问题，实际上孔子

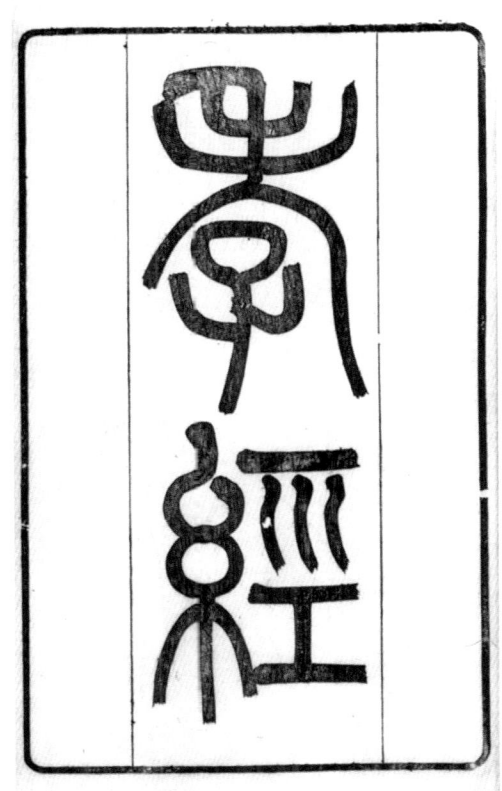

孝经注一卷 〔唐〕玄宗李隆基注 清同治扬州书局刻本

本人就给出了答案。《论语》云:"子曰:'参乎!吾道一以贯之。'曾子曰:'唯。'子出,门人问曰:'何谓也?'曾子曰:'夫子之道,忠恕而已矣。'"(《论语·里仁》)孔子说,曾参(即曾子)呀!有一个基本观念一直贯穿着我的所有学说思想的始终。曾子说"是的"。孔子走出去以后,别的学生便问曾子这是什么意思?曾子回答道,他老人家一以贯之的学说,只是忠和恕罢了。在这里,经过孔子弟子的口,明确交待了孔子思想中有一条一以贯之的"道",那就是"忠恕之道"。

查遍《论语》,孔子本人并未对"忠道"有过界定,只是后来学者根据孔子所倡导的"主忠信"以及弟子曾子对"忠"的解释,再是根据后来者对"忠"的解释,然后再来寻找与此义相通的孔子的主张,并确定那就是孔子所主张的"忠道"思想。曾子有言:"吾日三省吾身。为人谋而不忠乎?与朋友交而不信乎?传不习乎?"(《论语·学而》)南宋思想家朱熹释忠曰:"尽己之谓忠。"可见,为别人尽心尽力地去谋划、着想,这就是忠。能符合此义的孔子之论又当推《论语·雍也》的一段话:"夫仁者,己欲立而立人,己欲达而达人。能近取譬,可谓仁之方也已。"所谓的"己立立人""己达达人"正是"为人谋""尽己"的意思。所以说,"己欲立而立人,己欲达而达人"就是被认为是孔子所主张的"忠道"了。与"忠道"相比,"恕道"就没有通过所谓的转换而获指谓,孔子在《论语》中明确说到了"恕道"的内容。《颜渊篇》记载:"仲弓问仁。子曰:'出门如见大宾,使民如承大祭。己所不欲,勿施于人'。"《卫灵公篇》记载:"子贡问曰:'有一言而可以终身行之者乎?'子曰:'其恕乎!己所不欲,勿施于人'。"可见,"己所不欲,勿施于人"即为"恕道"。而我们又知道,"忠道"与"恕道"的内容又是孔子在解释什么是"仁"时给出的答案。孔子说:"夫仁者,己欲立而立人,己欲达而达人。"(《论语·雍也》)"仲弓问仁。子曰:'出门如见大宾,使民如承大祭。己所不欲,勿施于人。'"(《论语·颜渊》)至此,我们就将"忠恕之道"与"仁道"内在的逻辑关系理清了。简单地说,孔子的仁道思想涵盖着忠道和恕道两方面内容。下面来具体论述忠道。

忠道是"己欲立而立人,己欲达而达人",意思是说,自己要站得住,同时也使别人站得住;自己要显达和通达,同时也使别人显达和通达。事事行得通,同时也使别人事事行得通。对于"忠道"的理解应从两个层次进入,一是指道德意义上的"立""达",二是指包括事功在内的事情意义上的"立""达"。而这具体涉及到对"立""达"二字的准确把握的问题。

其一,孔子所讲的"立达"首先是从道德和德性的意义上去立论的。换句话说,孔子讲的"立达"首先不是在名誉、地位、金钱等这些外在的"名利"意义上来建立的。"立"是"立于礼";"达"是"达于德"。《论语·颜渊》曾明确对所谓"达"做了精要的诠释。孔子说:"是闻也,非达也。夫达也者,质直而好义,察言而观色,虑以下人。"意思是说,个人品质正直,遇事讲道理,察言观色,善于了解别人的心意,思想上甘居人下,善于团结别人,这才是"达"的真正意思。而那些所谓在社会上取得什么地位和成就之类的当属于"闻"的范畴。一句话,忠道所谓的"立达"并非是指名誉地位财货这一定位。可能孔子的"修己以安人"和孟子的"老吾老以及人之老,幼吾幼以及人之幼"(《孟子·梁惠王上》)之思想最契合"忠道"的义旨。实际上这都反映出孔孟思想重德以及将重德由近及远地"推及"与"普及"。上述解释亦可从《论语》其他地方得到证明。在《雍也》里孔子明确认为那种别人"发迹"("有博施于民而能济众")的事即便尧舜都无法做到,那岂止是仁的意思,那简直就是"圣"的境界呢!所以紧接着孔子才说,所谓仁就是"己立立人,己达达人"。一句话,仁的境界只是关乎"内圣"以及使更多的人"内圣"的问题而已。也就是说,"仁"不包括"外王"。总之,儒家的忠是基于对自己与他人的道德上"挺立"和"通达"所提出的德性要求,而不是首先关涉什么事功方面的问题。

其二,孔子所讲的"立达"是从事功在内的事情意义上去立论的。

应该承认的是，孔子的"立达"思想当包括了"为人谋"利益的意蕴的。也就是说，"立达"不仅仅是停留在道德层面上，而是要落实到具体的事情之上的。然而，需要始终明白的是，一个人之所以能够在事功的层面上做到自己"立达"了以后会帮助他人也"立达"，那一定是建立在其德行之上的。换句话说，唯有首先做到了在道德上的"己立己达"，才能做到在事功上的"立人达人"。所以说，在这个层次内，忠道更多的是强调将好处、利益"给予"他人。也就是说，你自己事事行得通，同时也使别人事事行得通。通俗地说，你要立，他人也要立；你要达，他人也要达。你有好处，他人也想得到这样的好处。你有这个心，他人也有这个心。所以，在处理人与人的利益关系中，要始终做到"将心比心""设身处地""由己推人"。具体说来，忠道是告诉人们这样一个道理，我有了，我成功了，我这个有，这个成功，自己真的觉得蛮好，孔子认为，你觉得蛮好，你感受得也蛮好，那怎么办呢？是否就停留在自己的感觉和享受上而全然不顾别人了呢？显然不可以。所以，己立己达之人，应该想尽一切办法把你认为好的东西推给别人，帮助别人实现。为他人着想，为他人谋划，如此，才完成了"忠道"的全部步骤。这正是朱熹所定义的"尽己之谓忠"的意义之所在，就是说，尽自己的心，尽自己的力，为他人服务，为他人谋划，替他人着想，关心他人，帮助他人。

接下来的任务就是剖析这样一个问题：我为什么帮助你实现成立和通达，即我为什么把这个好的东西给予你。答案是：因为我胸怀宽广，所以我要给予你；因为我充分地尊重你，所以我要给予你。概而言之，忠道所突显的是"给予"的精神；所要求的是"宽广"的胸怀；所反映的是"尊重"的意识。值得强调指出的是，爱的本质一定是给予，而不是相反的索取。一旦形成索取关系，爱就不存。而且这个给予一定是给别人，而不是自己。你仅自己捞，自己得，那就谈不上爱。再有爱的要求一定是胸怀宽广，而不是相反的心胸狭窄。但凡心胸狭窄的人，是不可能将好处推及给他人的。这样的人只想自己获得某种荣誉地位，而不愿其他人获得，以显示自己的特殊和独有。然后爱的意识一定是尊重，而不是轻视，甚而是漠视。我为什么要给你？我尊重你才给你。如我不尊重你，我本身都看不起尔，那我怎么会将好处给予你呢？实际上我们应注意到，"忠道"这里还涉及到一个"分享"理念的问题。也就是说，"忠道"强调的正是"己与人"的分享。我们常将孔子的忠道思想视为他为了实现仁爱的一种方法和途径。"能近取譬，可谓仁之方也已"，此之谓也。所谓"方法"，在儒家那里表现为由己推人的施爱罢了。我有了，想着怎么给别人也同样地有。在这种分享中而获得爱的快乐，完成爱的推及。也就是说，爱往往是双方的事情，如果只是一方独享，那么就失去了爱的真正意义。儒家的"泛爱众"一定是要表达这层意义和价值的。孟子也是将能与别人一起快乐视为君子的标准之一。他说："故君子莫大乎与人为善。"（《孟子·公孙丑上》）在孟子看来，君子最高的德行就是偕同别人一道行善。独善其身，只是在君子人生穷困时的表现，不足以代表君子的全部德行，特别是最高德行。由此我们也能更加深刻理解孔孟为什么在首先强调"仁者爱人"（《孟子·离娄下》）以后，紧接着就要以"忠恕"二道来加以具体规定，以及孟子那样逻辑地表达道："仁者爱人，有礼者敬人，爱人者，人恒爱之。敬人者人恒敬之"（同上）。这是一个双向性的转递之情，这亦是一种交换之情。当然，这里值得强调指出的是，双向也好，交换也好，双赢也罢，绝对不是那种建立在利益基础之上的行为，而完全是基于真挚情感的互相感动后的"交换"与"互惠"。

在理解爱的分享意义时，也要注意处理好要求回报问题。因为一般来说，爱是讲究奉献，尤其是大爱更强调对对方不计回报式的施爱。但可能问题还不能如此表面化地理解和进入，也就是说，爱给予了以后，它一定会产生"能量"的，我们只是从这一"客观"效果来讨论"分享"的。例如，给予了别人帮助，给予了别人尊重和宽容，那么，别人在接受到你发出的"信息和能量"以后，也会"感动"起来，也会产生应有的"信息和能量"。如此,就达到了"分享"的功效和目的了。因此,在我们的日常生活中,如何学会与别人分享,遂成为获得幸福和快乐的重要意识和方法。如果我们认真对"分享"再做些深入的思考,即会发现,其实它又岂不是另一种意义的"给予"呢?!即让别人得到我自己认为是"真善美"的事情,从我方来说,是我主动地给予,从对方来说,是他被动分享到了"真善美"的事情。"美美与共",此之谓也。所以说,费孝通先生的那几句名言,确实是对"忠道"以及爱的精神的典型性概括。"各美其美"讲的是"己立己达","美人之美"讲的是"给予"和"尊重","美美与共"讲的是"分享","天下大同"讲的是爱的结果。

概而言之,给予、宽广、尊重、分享正是"忠道"要传达和呼唤的意思、道理、精神、情怀和意识啊!

3. 仁是恕道

应该承认的是,相当一部人不知道忠道即是"己欲立而立人,己欲达而达人",但很少有人不知道恕道即是"己所不欲,勿施于人"。但是如果要问恕道究竟体现的是一种什么样的精神,反映的是一种什么样的意识,那就很少有人知道或者说知道得那么完整了。我这里试图在多种意义上和多层次意义上来释译一下什么是"恕道"。也就是说,"己所不欲,勿施于人"的意思包括以下几点:其一,自己不喜欢的人和事,不要强加给别人。其二,自己不想要的,不要带给别人。其三,自己遭受过的罪,不要再带给别人别国。其四,自己不喜欢的人和事,不要强求别人与你一样也不喜欢。

下面我们就具体来讨论一下。

其一,自己不喜欢的,自己厌恶的,不要把这些东西强加给别人。这是对所谓"恕"的意思的直接表达。值得注意的是,"忠道"要求的是将好的东西给予别人,而"恕道"要求的是不要将不好的东西给予别人。现在需要解决的问题就是,什么样的东西叫不好的?尽管这个标准的确定有难度,但它总是要确定。中国古人给出了一个答案,这就是"人同此心,心同此理"。我的理解,这个超越标准一定是体现和符合人之为人的人生与一切文明之社会发展的方向。毒品一定是不好的,对不对?当年林则徐跟当时的英国女王说,你们英国人都知道鸦片是毒品,你们自己不要吃,但你们非要把你们不愿吃的东西强给我们中国人吃,你们这样的做法就是"己所不欲,施于人",所以有违"己所不欲,勿施于人"的恕道精神。多年前,《人民日报》发表过一篇题为《己所不欲,施于人》的评论文章,主要是对当时美国政府将大量转基因粮食作为人道主义项目去援助非洲一事而做出的评论。我们指出,美国人将自己不敢吃或不愿吃的粮食用来援助别国人民,还美其名曰人道主义援助,这是很荒唐的事情。而我国政府就以"恕道"精神来加以分析和否定美国的这种做法,指出这就叫做'己所不欲,施于人",而有违"己所不欲,勿施于人"的恕道精神,所以美国的行为不能称为人道主义。概而言之,在这个层次里的"恕道"所要强调的是自己与别人有其最大的共同点,那就是"心",所以主张只要每个人都做到了设身处地来考虑问题,以己之心推向他人,就自然不会做出首先连自己都不愿意做的事来,这就叫做"将心比心"。在此基础上,"恕道"又强调凡是正常的人,其心中所具有的道理都有着共同的感知和认知的。哪一个正常人愿意穿有毒的衣服,吃有毒的食物,住危险的房屋,坐次品的车子,答案非常明确,都是不愿意的,人人都会认同表现在衣食住行上的这个"理",这就叫做"人同此心,心同此理"。通俗地说,人心都是肉长的,人心都是相通的,道理都是一样的。

对于这个层次的"恕道"思想还应做些辨析和说明。其实恕道与忠道一样,都是将他人放在考虑问题的首位的,将好处推及他人以及不将坏处推及他人,皆是以"利他"为其最后标准的。而这个"利他"则又是遵循两个基本原则:第一是对于正常人而言的,而不包括不正常的人,甚至是变态的人。第二是为了满足他人的差异性的且是为他人所需要的欲求。举例说明之。你不能拿一个吸毒者的例子来诘难恕道的不完备。吸毒者说,你不吸毒品并厌恶它,但我喜欢,你推及给我吧,我不但不恨你,而且要感谢你。我们为什么说不可以这样来进入对恕道的理解,道理很简单,那就是,这个对象的不正常,这个对象的行为不正当,不被社会文明所接纳。再有,你不应该将你自己的旧东西或不用的东西送给别人,如这样做了就违背了恕道精神。同样,我们为什么说不可以这样来进入对恕道的理解,道理很简单,那就是,将那些自己不用的和旧的东西给他人确实能够解决和满足这些人的需求,通俗地说,即便是一种较低层次的需求,但对那些人来说是能从中得到利益和好处的。也正是在这个意义上,我不太同意给贫困地区捐赠衣物一定不能捐赠自己用过的衣物,而要全部是新买的。更不可以用"己所不欲,勿施于人"的恕道来批评这种捐赠行为。再有个例子来解释恕道也显得不够有说明力,例如你自己不喜欢喝酒,你就不要劝人喝酒。你自己不喜欢吃辣椒,你就不要让人吃辣椒。这就没普遍意义,酒和毒品不一样,很多正常人喜欢喝,我尽管不喜欢,但我可以让别人喝么。尽管你自己不爱吃辣椒,但当你要招待湖南人和四川人时,你就应该弄些辣椒让他们吃,因为他们需要并喜欢。

其二,自己不想要的,不要带给别人。如果仔细分析起来,这里的要求与第一点相比较起来还是有些不同的,而最大的不同即表现在这个层次的恕道包含了更广阔的心理和精神方面的内容。这一内容则又通过其他论断得到申论。《论语·公冶长》说:"子贡曰:'我不欲人之加诸我也,吾亦欲无加诸人。'"意思是说,我不想别人强加于我的,我也不想强加于别人。此论与儒家另一部经典《中庸》中的一段话的意思是相近的。《中庸》说:"施诸己而不愿,亦勿施于诸人。"意思是说,我不愿意别人这样对待我,那么你也不要这样去对待别人。那什么是每一位正常人不愿意和不想的事情呢?答案尽管很多,但我在这里只举些例子。我不愿意别人不尊重我,看不起我,把我当狗马来驱使,把我视为土芥和小草。现在的问题是,你自己不想受到别人这样对待，恕道就要求你，切勿不尊重别人，切莫看不起别人，不要把别人当狗马来驱使，不要把别人视为土芥和小草。还有，我自己不想被人骗，我自己不想得到那些假冒伪劣的商品，恕道就要求你，切勿去骗别人，切莫去向别人兜售那些假冒伪劣的商品。另外，《大学》里面有一句话说"所恶于上，毋以使下；所恶于下，毋以事上"，亦是在申论着恕道情怀，我们对它的认知是能够挖掘出恕道的另一种深义的。上面那句话是什么意思呢？是说如果你厌恶、痛恨上级对你的态度和行为，那么，你就不要对你的下级采取那样的态度和行为。同理，如果你厌恶、痛恨下级对你的态度和行为，那么，你就不要对你的上级采取那样的态度和行为。《大学》给它起了一个名字，叫"絜矩之道"。在这里不妨举个例子，我不喜欢处长、厅长、部长对我颐指气使，我非常讨厌处长、厅长、部长把我搞得滴溜溜转，我十分痛恨他们不尊重我的人格。"所恶于上"，此之谓也。那么"恕道"和"絜矩之道"就告诉你，你就不要对你的下属颐指气使，把他们搞得滴溜溜转，你也不要不尊重他们的人格。"毋以使下"，此之谓也；我不喜欢下属对我不忠，我非常讨厌下属对我阳奉阴违，我十分痛恨他们散布谣言。"所恶于下"，此之谓也。那么，"恕道"和"絜矩之道"就告诉你，你就不要对你的上级不忠，对他们阳奉阴违，到处散布谣言。"毋以事上"，此之谓也。

其三，自己遭受过的罪，不要将此罪再带给别人、别国。例如习近平曾说，我们中国在近代饱受外国列强的欺侮，自己非常痛苦，而我们绝对不会将此痛苦再加在别人别国身上。这也是在"推己"，恕者如心也。罗素指出："要判断一个社会的优劣，必须不仅仅考虑这个社会内部有多少善与恶，也要看它在促使别的社会产生善与恶方面起何作用，还要看这个社会享有的善较之于他处的恶而言有多少。如此说来，中国要胜于我们英国。我们的繁盛以及我们的努力为自己攫取的大部分东西都是依靠侵略弱国而得来的，而中国的力量不至于加害他国，他们完全是依靠自己的能力来生存的。"从中我们可读出中国文化和中国人的恕道情怀。也就是说,中国人从来不会将"己所不欲"(即属于"恶"的存在)东西强加到别国头上。这样的社会就是一个本性良善的社会。而外国列强则完全不是这样,他们会将"掠夺""压榨""战争"等这些"己所不欲"即"恶"的东西"施于"他国,从而反映出他们的"劣"的一面。站在这个角度再来审视儒家的"恕道"情怀,就可以从中体味到浓浓的"中国人文情怀"。它从不"加害"他国。最通俗地理解"恕道"的主旨就是三个字——不害人。由此我又想到了"忠道"也可用三个字来归纳——要利人。也就是说,正面的"忠道"是向"他者"推及"善";反面的"恕道"是不向"他者"推及"恶"。概而言之,扬善止恶者,忠恕之道也。或说,忠恕之道,扬善止恶也。

在这里想结合孟子的有关论述,再对"忠恕"二道做些概括总结。其实《孟子》中有段话讲得非常重要和明了。所谓明了,是指孟子所论实际上是对"忠恕"二道做了符合上述意思和层次的最简单的释义。孟子说:"得其心有道:所欲与之聚之,所恶勿施,尔也。民之归仁也犹水之就下,兽之走圹也。"(《孟子·离娄上》)孟子是想告诉统治者,得天下是有道的,其道就是得其民;得其民是有道的,其道就是得其心;而得其心亦有道,其道乃是:他们所希望的,替他们聚积起来;他们所厌恶的,不要加在他们头上,如此罢了。有了这一由忠道与恕道组成的"仁"道,那么,百姓向仁德仁政归附,正好比水向下流,兽向原野奔走一样。从孟子之论中我们可以将"忠恕"二道作最简单的解释和理解。具体说来,"忠道"就可直接解释理解为"为人谋",最简单地说,想人民之所想,急人民之所急,全心全意为人民着想谋划做事。"恕道"就可直接解释理解为不要做人民不喜欢和厌恶的事。合而言之,做人民喜欢的事谓之忠;不做人民不喜欢的事谓之恕。

当然,"忠恕"二道有一个最大的特点即是在于它们都有一个"心"。中心为人,谓之忠;如心对人,谓之恕。由此可见,二者都是要求首先从"自心"开始和出发。也就是说,先将自己的"心"放正,然后再做向外的进一步推及和拓展。儒家始终认为，从自己的感受出发最为真切，感同身受最有说服力。由己推人，由近及远，此之谓也。这也就是儒家孔孟为什么那样强调"为己"之学的真正原因之所在。只有自己"正"，即"立达"，才能实现和完成"为人谋""亲民"的目的。孔子的"修己以安人""修己以安百姓"正是上述思想的另一种具体而又明确的确证。"修己"即为"为己"；"安人""安百姓"即为"为人谋"。值得注意的是，安人和安百姓一定是"忠道"与"恕道"及仁爱思想最终的归宿。再具体地说，如何能够使他人和百姓达到"安"呢？答案就是：为他们做他们喜欢的事和不做他们不喜欢的事，如此，就会"安"。安定、安康和安宁这"三安"均可实现。由此可见，儒家一家的思想即可完成原来我认为需要儒道佛三家一起才能完成的事。当然，说这些并不妨碍认识儒道佛三家确实有他们各自思想的侧重和旨归的这样一种判断和归纳。

从以上分析中我们能够进一步认识到，不唯"忠道"是强调"尽己"的，而且"恕道"也是强调"尽己"的。再者，不唯"恕道"是强调"推己"的，而且"忠道"也是强调"推己"的。也就是，按朱熹的解释，只说"忠道"是"尽己"，说"恕道"是"推己"。如此，就不够全面。一句话，"忠恕"二道都要有两个步骤：第一是"修己"，第二是"安人"。

其四，自己不喜欢的人和事，不要强求别人与你一样也不喜欢。实际上这是包含在"恕道"里一个非常深刻的理念和精神。为爱所具有的许多精神都在这里得到体现，诸如尊重、自由和宽容。也就是说，当遇到你自己不喜欢，甚至非常憎恨的某些人或某些事，但你不要强求其他人跟你持有同样的立场也去不喜欢，甚至憎恨。在现实生活中，为什么许多单位党政领导上下级关系搞不好呢？其中一个很重要的原因就是缺乏这种恕道精神。一方的好恶总是想影响和左右他方的好恶，或者说，总是想别人都按照自己的意志和做法云做。我不喜欢张三，你也要与我一样不喜欢张三，否则就不行。再举一个典型的例子，我们为什么常说美国很霸道，原因就在于此，只要是美国不喜欢的国家，他都要求其他国家与他保持一致。而我们中国常常以孔子的"己所不欲，勿施于人"的恕道思想来加以驳斥，你所反对的国家为什么强求我们也反对呢？这不符合恕道啊。所以，我们中国外交上始终坚持的是独立自主的路线，也就是说，绝对不是以美国的好恶为转移。由此可见，恕道所要宣扬的意识和精神正是：尊重，宽容，独立，自主。要宽容别人与你的不一样，要尊重别人正当的个性选择和追求。道理十分清楚，每个人的经历都不一样，每个国家都有着他们自己的历史和文化，并根据自己的实际来选择发展道路，去建立适合自己需要的社会制度。任何其他人、其他国家都不应该去予以干涉。尊重个性，尊重不同，尊重差异。而充分尊重不同、差异和个性也正是自由的本质特征。

如果要再对这个层次的"恕道"精神做一步挖掘和剖析的话，那么，我们会认识到，包括孔子在内的整个儒家，为什么在提出了"忠道"以后，还要提出"恕道"呢？过去一些研究者只是从正面与反面的意义上来说明这个原因。也就是说，认为"忠道"是主张正面的"给予"，即将好东西"给予"别人；而"恕道"则是主张反面的"不给予"，即不要将不好的东西"给予"别人。而一个非常现实的问题就被提出来了，那就是：你认为，哪怕是社会道德规范都认为是"好的东西"，就可以不加任何条件地都让别人去接受吗？你不喜欢的言行，你可以毫无条件地要求别人也不喜欢吗？换句话说，孔子之所以要建立"恕道"，其一个非常重要的原因在于，"忠道"的"给予"不一定都是好的，此其一；你认为是好的，可别人未必认为是好的，此其二；而即便是好的，当对方由于自己的环境决定了他不能或者说不愿意接受你的好，此其三。在上述种情况下，如若你再强制地去"立人达人"的话，那势必就会使仁爱变质为怨与恨了。如何避免使得这一"忠道"完全有可能变质的做法呢？孔子这才想到了"恕道"来加以克服和弥补"忠道"变质后可能所造成的危害，即走向"仁爱"的反面。换句话说，孔子之所以提出"恕道"，从正面说，是为了保证和贯彻"忠道"

即仁爱的始终不变的实施和流行；从反面说，是为了防止和阻止"忠道"即仁爱的变味和走样。阻止"异化"为"己所欲，施于人"，即单向性的强迫地推及所谓的爱。在这里要特别引起注意的是这个"施"字。"施"就是在不尊重他人的前提下去将自己认为是正确和好的东西强加在他人身上，即让别人被动去接受他的所谓的"恩赐"。更值得注意的是，对"己所不欲"的理解，不能仅仅理解都是不好的事，实际上应当包括"好"的事。例如，不喜欢小人，不做不道德的事，这固然被视为是"好事"，但按照"恕道"的情怀，你也不可以将这一"好事"强迫地让别人去做到。我这里将"己所不欲，勿施于人"做这样的翻译：自己"不要当小人""不做不道德的事"，不要强迫别人"不要当小人""不做不道德的事"。通过这一译，意思就更清楚了。哪怕自己"不要"的是高尚的行为，是所谓的"好事"，但你却不可将你自己"不要"的高尚的行为和"好事"强迫别人也做到。这样的恕道才真正体现出它的宽容精神。要明白，所谓"宽容"，其表现一是宽容"错"的；二是宽容与你"不一样"的。由此可见，"宽容"其实是最大的"尊重"。尊重别人的一切选择和做法，而不去干涉他，更不希望试图去改变他。简言之，其实，恕道的精神不在于"己"持的立场是对还是错，是好还是坏，而是在于宽容的情怀。通俗地说，绝对不将自己的"好恶"强加于人。用老百姓的话说，就是不要将自己的意见强加于人。恕道在这个层次所表现出来的尊重和宽容精神，确实具有它的深刻性。我想道理实际上也很简单，如果说不要把不好的东西给予别人，否则你就没有恕道情怀，这好理解。而如果说不要把即便是好的东西强加给予别人，否则你就没有恕道情怀，这似乎不好理解。然而，儒家恕道的伟大又恰恰体现在这里啊！从这里我们还可体会到，要真正做到对他人的尊重、关怀和宽容，其前提一定要不自以为是。

当然，这里并不是说有了恕道情怀，你可以放任社会上一切不文明的行为，对其可以不闻不问、听之任之，或者说，对其就不需要正面的"教化"工作了。答案并非如此。教化不教化是你的责任问题，你完全可以去教化，但你不应有这样的心态，即只要我教化了，且这种教化是对的，那你就理直气壮地强求别人去接受你的教化。我们前面已指出过，忠道的"立达"是立于礼、达于德，你自己要有此心去"安人"、"立人达人"——即教化别人，但在这教化中必然有两种情况发生。一种情况是：别人接受了你的"立""达"，因为这部分人有被教化的需要，他人接纳收下了你的"美意"；一种情况是：别人不接受你的"立""达"，因为这部分人还没有被教化的因缘，于是这部分人就会拒绝接纳收下你的"美意"。而恕道是要求你：一定要宽容这部分人所谓的"不识好歹"地拒绝了你的"美意"，你千万不要为此生怨，更不要为此而轻视、歧视、蔑视甚至鞭挞这部分人。要充分理解他们之所以这样拒绝你的正确的价值观（"立""达"），一定有他们的原因和理由。不要急，因为"立""达"之教化本身就是一个"润物无声"的长久且细致的"活儿"。不要丧失信心，不要丢下那些不知好歹的"人们"，也不要只是单纯地继续向他们宣传"美德"，而是还要试图在其他方面努力去改变"不识好歹"的生存环境。要时刻提醒自己有这样一个观念："仓廪实而知礼节，衣食丰而知荣辱"（《管子·牧民》）。要之，使人变好和成为道德的人仅靠单纯的教化是不行的。

实际上，如果我们能真正深入到恕道的这一层意义的话，那么亦能帮助我们去理解道德的属性以及君子的品行究竟在什么地方表现出来这样一个具有理论意义的问题。也就是说，道德和君子的一个最大的本质特征正是在于"自身修养""自我约束"，而不是在于"修养他人""约束他人"。简言之，道德的约束始终是对"自己"而言的，如对"他人"进行约束，那就失去了"道德"之本意。道德不应该"加害"任何人和"妨碍"任何人。而且，恕道的真正精神和情怀是要体现在始终是站在别人的立场上去为别人考虑。原谅他、理解他而不记恨他，不要对你自认为不道德的人而有所轻视。正是在这个意义上，这样一句话就显得非常深刻了，即恃清傲浊比恃才傲物的后果更坏。

社会应该清明,但同时也应该宽容污浊。当然,正因为有了这样的宽容,社会的方向一定会越来越清明。这是应当引起我们高度重视的问题。

由上可知,对于"恕道"之宽容精神的得出,是建立在对"恕道"所蕴涵的多重意义的揭示基础之上的。换句话说,我们应该明确认识到"恕"一定有宽恕的意思,而不是像有的学者指出的那样,认为将"恕"理解成宽恕是一种误解。"如心""推己""将心比心"固然是理解"恕"所具有的"对等""平等"意义的切入点,但是,这绝对不是"恕"道意义的全部。不可否认的是,在上面我们在"自己不喜欢的人和事,不要强求别人与你一样亡不喜欢"意义上对"恕"的论述中,全然是宽容、宽恕精神的展现。

概而言之,尊重、宽容、独立、自由、平等正是"恕道"要传达和呼唤的意思、道理、精神、情怀和意识啊!

更值得强调指出的是,无论是恕道还是忠道,之所以被称为是"仁道"和"爱道",最后一定都要表现为是爱而不是恨,是尊重而不是轻视,是平等而不是差等,是宽容而不是攻击。一句话,给予的都是轻松和快乐而不是紧张和伤害。

我们上面对"恕道"进行了比较全面和深入的探讨,我们会发现,存在于恕道思想中有很多做事做人的深刻道理。惟其如此,这一思想千年以来一直受到人们的高度重视。我在这里简单归纳一下,大家就可知道它的重要性。第一看孔子自己的选

黄金规则"己所不欲 勿施于人"闾山石

择，当有弟子向他询问可以作为一个终身奉行的人生原则的时候，孔子明确给出了答案，如果说是一个字，那就是"恕"，如果是一句话，那就是"己所不欲，勿施于人"。《论语》记载："子贡问曰：'有一言而可以终身行之者乎？'子曰：'其恕乎！己所不欲，勿施于人。'"（《论语·卫灵公》）第二看孔子对恕道的定位，当有弟子表达要以恕道行事的时候，孔子说他做不到。《论语》记载："子贡曰：'我不欲人之加诸我也，吾亦欲无加诸人。'子曰：'赐也！非尔所及也。'"（《论语·公冶长》）第三看《大学》的评价，它是把恕道视为人生的"絜矩之道"。絜，度量；矩，画直角或正方形用的尺子，引申为法度、规则。所以所谓"絜矩之道"乃是道德上的规范。第四看近人如何评价恕道的。近代著名思想家严复曾指出："终身可为者惟恕。"最后看两则现代西方人的认知。早在1988年，75位诺贝尔奖获得者在巴黎已发表了如下宣言："如果人类要在21世纪生存下去，必须回到2500年前去吸取孔子的智慧。"孔子的智慧正是仁爱的智慧，而仁爱又具体通过忠恕两道得到体现，在忠恕两道中，孔子又选择了恕道作为人们可以终身奉行的原则。也正是这个"己所不欲，勿施于人"被称为"恕道"的思想，于1993年在美国芝加哥召开的世界宗教大会上通过的《世界宗教会议宣言》，被确定为全球人类应遵奉的伦理原则，此又被称为"金规则"。而全球伦理的倡导者将这个伦理的基本原则表述为"每个人都应当得到符合人性的对待"。可以说，这就是人类共同文化遗产的最小公分母，或者用"宣言"的话说，是"世界诸宗教在伦理方面现在已有的最低限度的共同之处"。当然，我们也不会因为是西方人对中华传统文化，对孔子思想作出了高度评价，就觉得怎么样了，但是同时要有一个清醒的认识，那就是，孔子的智慧不仅是中国可运用的智慧，也是全世界可以运用的智慧。说明存在于中华传统文化中的东西仍然是有生命力的，过去、现在以及未来都将会发挥着它的作用。我们今人在研究包括孔子思想在内的中华传统思想时，都应该从这样一个角度和深度去挖掘它的意义和价值。关于这一点，我认为习近平同志的话最有代表性。他指出："把超越时空、跨越国度、富有永恒魅力、具有当代价值的文化精神弘扬起来。"正是因为在孔子思想中存在着大量的"超越""永恒"的东西，所以才显示出他的思想的重要和伟大，并也才决定了它的当代价值，从而给我们提出了弘扬它的历史和现实的使命和任务。

值得强调指出的是，虽然我们突出"恕道"的地位，但是，要说到儒家和孔子的智慧的话，那一定是包括了"忠道"。也就是说，"忠恕"二道构成了孔子在内的整个儒家思想的"大道"。这一"大道"实际上还向我们展示了这样一种精神和情怀，即"自强不息"与"厚德载物"。具体说来，"忠道"体现的是"自强不息"的精神，而"恕道"体现的是"厚德载物"的精神。忠道首先强调的是道德上的挺立和显达，其次强调的是事功上的建立和通达。再有，通过自强不息而实现了自己的"立达"，但同时不忘帮助他人亦实现"立达"，即"善为人谋"。合而言之，忠道既讲自强不息，又讲善为人谋；恕道更多的是体现宽容厚道的精神。大地的品德正是在于它的涵养和包容，它包容一切不同的万物及其形势，它不要求一个模式，不要求一个态势，不要求一个样态，只要是存在，它都承载、育养着，而绝对不会任意嫌弃、抛弃一物。合而言之，恕道既讲厚德载物，又讲共处共生。由此可见，忠恕二道既是仁道，也是君子之道。"天行健，君子以自强

2015年6月，中国宗教代表团出席哈萨克斯坦第五届"世界和传统宗教领袖大会"。

不息。地势坤,君子以厚德载物"(《周易》语),此之谓也。

4. 仁是惠道

通过"忠恕"二道的具体展现,仁爱的本质在理论上得到了展开和阐发,但《论语》并没有到此止步,它还回答和解决如何将这一仁爱思想具体落实的问题。这正是孔子、孟子的"德政""仁政"思想所要做的事,此也是孔孟的"惠民之道"的内容。《论语·为政》篇明确指出:"为政以德,譬如北辰,居其所而众星拱之。"意思是说,用道德来治理国家,即以德治国,那么当政者就会像北极星一样高居天体北极,人臣和人民就像群星一样环绕在他的周围,服从他的领导和驱使。现在需要回答的问题是,"为政以德"这个"德"具体又是指什么呢?否则的话就显得很抽象、很笼统。所以,孔子在回答其弟子请教何为仁的时候,给出了具体答案,《论语·阳货》指出:"子张问仁于孔子。孔子曰:'能行五者于天下为仁矣。''请问之。'曰:'恭、宽、信、敏、惠。恭则不侮,宽则得众,信则人任焉,敏则有功,惠则足以使人。'"在孔子看来,能够处处实行庄重、宽厚、诚实、勤敏、慈惠这五种品德便是仁人了,而以此五德来为政便是德政了。值得引起注意的是,孔子还深入地分析了实行这五德以后的结果。在他看来,庄重就不会致遭受侮辱,宽厚就会得到大众的拥护,诚实就会得到别人的任用,勤敏就会工作效率高、贡献大,慈惠就能够使唤人。能做到这五点,在政治上就落实了"仁者爱人"的思想。如果要继续追问,孔子为什么如此竭力主张德政呢?他是不是不知道行政和刑法等的统治方法和手段在治国理政方面的作用呢?回答显然是否定的。实际上孔子非常明白这一方法和手段的作用,只是孔子是站在更高、更深、更久的角度和层次上来看待和选择统治方法和手段的。对此,孔子有过如下精彩论述,他说:"道之以政,齐之以刑,民免而无耻。道之以德,齐之以礼,有耻且格。"(《论语·为政》)就是说,用政法来诱导他们,使用刑罚来整顿他们,人民只是暂时地免于罪过,却没有廉耻之心。如果用道德来诱导他们，使用礼教来整顿他们，人民不但有廉耻之心，而且自知检点和改正，从而达到人心归服的最终目的。孔子所主张的"为政以德"的心理和理论基础牢牢地建立在"仁爱"两个字之上，所以我们完全可以将孔子的"德政"思想亦称为"仁政"思想。孔子的这一"惠道"还具体体现在他的一系列"裕民""富民""使民以时"等被称为"庶—富—教"的政治经济主张之中。

关于儒家的"惠道"思想在"亚圣"孟子那里反映得最为集中和详备。我们知道，"仁者无敌"是孟子用来鼓励统治者实行仁政的一句影响深远的口号。因为在孟子看来，人心向善的信仰一定要落实在具体的政治和经济主张之中，否则就是流于空洞和玄远的理想而已。

孟子认为，仁政是基于仁心的呈现及推及。要将仁心呈现，并将善行和仁爱由近及远地推广开来以及将善具体地化为行动，这是孟子着力要做的事情。为了全景式展现孟子的有关思想，这里我们将他的言论详细引述如下：孟子曰："人皆有不忍人之心。先王有不忍人之心，斯有不忍人之政矣。以不忍人之心，行不忍人之政，治天下可运之掌上。"（《孟子·公孙丑上》）；"老吾老，以及人之老；幼吾幼，

在广西任职县令7年间，于成龙革故鼎新，公正廉明，出现了"时和年丰，盗息民安，官民亲睦"的新气象。

以及人之幼。天下可运于掌——故推恩足以保四海,不推恩无以保妻子。古之人所以大过人者,无他焉,善推其所为而已矣。"(《孟子·梁惠王上》);"亲亲而仁民,仁民而爱物。"(《孟子·尽心上》);"王如施仁政于民,省刑罚,薄税敛。"(《孟子·梁惠王上》);"是故明君制民之产,必使仰足以事父母,俯足以畜妻子,乐岁终身饱,凶年免于死亡;然后驱而之善,故民之从之也轻"(同上);"王欲行之,则盍反其本矣;五亩之宅,树之以桑,五十者可以衣帛矣,鸡豚狗彘之畜,无失其时,七十者可以食肉矣。百亩之田,勿夺其时,八口之家可以无饥矣。谨庠序之教,申之以孝悌之义,颁白者不负戴于道路矣。老者衣帛食肉,黎民不饥不寒,然而不王者,未之有也。"(同上);"乐民之乐者,民亦乐其乐;忧民之忧者,民亦忧其忧。乐以天下,忧以天下,然而不王者,未之有也。"(《孟子·梁惠王下》);"得天下有道:得其民,斯得天下矣;得其民有道:得其心,斯得民矣;得其心有道:所欲与之聚之,所恶勿施,尔也。民之归仁,犹水之就下,兽之走圹也。"(《孟子·离娄上》);"是君臣、父子、兄弟去利,怀仁义以相接也,然而不王者,未之有也。"(《孟子·告子下》);"不仁而得国者,有之矣;不仁而得天下者,未之有也。"(《孟子·尽心下》)

孟子上述思想可以说是他的仁政思想的最集中表现。这一思想有几个要点必须要强调。其一,孟子认为仁政乃是怜悯别人之良心推广的结果以及行爱是一个由近及远地推广的过程。先有"不忍人之心",后必然有"不忍人之政",先爱自己的父母与儿女,然后再推广到爱别人家的父母与儿女。孟子所宣扬的爱是一个从"亲亲"(亲爱自己长辈)到"仁民"(仁爱全体人民)再到"爱物"(爱护天地万物)的推及过程。"推恩"(把恩惠推广开去)是孟子认为的最简单、最有效的仁政手段,就像手里转动东西那么简单容易。他两次使用了"可运于掌"这种比喻。其二,孟子认为的仁政乃是一项多维度的民生工程。具体包括,减刑罚,轻赋税("省刑罚,薄赋敛");规定人们

河道总督林则徐治理南旺分水枢纽

的产业("制民之产");白发老人不因为生计所迫而头顶背负物件走在路上,五十七十的老者个个有棉衣穿有肉吃,黎民百姓过上温饱的生活("颁白者不负戴于道路矣。老者衣帛食肉,黎民不饥不寒");在此基础上再兴办各级学校,反复地向人民宣传敬顺父母和敬爱兄长的孝悌之道("谨庠序之教,申之以孝悌之义")。其三,统治者和天下之人要同乐同忧("乐以天下,忧以天下");其四,得民心者得天下。而得民心的方法也就是,从正面说,把百姓希望得到的给他们,从反面说,不把百姓厌恶得到的强加给他们,如此而已("得其心有道:所欲与之聚之,所恶勿施,尔也。")。其五,君臣、父子、兄弟他们都去掉利,而怀抱着仁义来互相对待("是君臣、父子、兄弟去利,怀仁义以相接也");其六,没有仁心的人,不行仁政的人是无法得到天下的("不仁而得天下者,未之有也")。如果大家注意的话,孟子喜欢使用"然而不王者,未之有也"这一词吾,以此来表达他对推行和实施仁政的坚定信念。所谓"不王者"意思就是"无敌于天下者"。孟子的仁政思想的最后落脚点正是在这里。孟子说:"仁者无敌"(《孟子·梁惠王上》)"如此,则无敌于天下"(《孟子·公孙丑上》)"仁人无敌于天下"(《孟子·尽心下》)。无敌者没有敌手者,无敌者无往而不胜者。

5. 仁是天道

仁是天道是儒家思想中一个比较有特色的地方，表现的形式就是天人合德。在儒家看来，天首先有德，"天地之大德曰生"（《周易》语），"仁，天心"（汉董仲舒语），此之谓也。也就是说，生道就是仁道，仁就是天的本质规定。其次天赋德于人而使人有德。孟子所说的人要"尽其心，知其性，知其天"正是要完成和践行天人所合的仁道之大任者也。儒家所有博爱的思想，尤其是爱物以及与万物同体的思想都是这一任务的具体内容。换句话说，如果要在儒家思想文化中找到一个范畴能足以涵盖天与人的，那当推"仁"。我将此称为"总体性范畴"。正是这样一个总体范畴的"仁"，它共同构成了"天"与"人"的本质属性。通俗地说，天与人的本质都是仁，从而证明了"仁"是表示人与自然的总体性的一个范畴。以后的中国哲学家都坚持着这一观念和思维方法。结论是：儒家之"仁"是表征包括人与所有对象的关系的总体性范畴。孟子所谓的"亲亲而仁民，仁民而爱物"，正是对这些关系的全面概括。孔子那里虽然没有明确爱物思想，但他的"泛爱众，而亲仁"思想无疑包含着推爱的情怀。到了孟子这里，他就明确将爱推及到万物之了。也就是说，随着孟子提出了"爱物"主张以后，就使得行仁从"人道"扩展到"天道"了。"知天"就是"替天行道"，而天道乃仁道，所以"替天行道"就是践行仁道！韩愈的"博爱之谓仁"显然具有了"爱物"及其实行天道的意义了。张载的"民胞物与"，程颢的"仁者浑然与物同体"，朱熹的"盖仁也者，天地所以生物之心，而人物之所得以为心者也"等思想更是将"爱物"及其实行天道之仁发展到极致，从而亦实现了"为天地立心"的神圣使命，在天人合德中完成了"仁道"的升华。

综上所述，仁具五道：孝道、忠道、恕道、惠道、天道。居此道者方为人，居此道者方可安逸。所以说，仁道就是人道者也。这就是为什么孟子那样定义"仁"了。他说："仁也者，人也。合而言之，道也。"（《孟子·尽心下》），"仁，人心也"（《孟子·告子上》），"仁，人之安宅也"（《孟子·离娄上》）。所以在孟子看来，人生最悲哀的事就是将这一安身立命之所空旷着而不去栖息。"旷安宅而弗居……哀哉！"（同上），此之谓也。于是，人应"居仁"就必然成为包括孟子在内的所有儒家所要竭力倡导的思想。

根据"五道"的论述，我们可以概括出"仁"的精神，那应该是：给予、尊重、分享、宽容、恩惠、平等，这就叫做"爱"的精神。

（四）仁的精神实质

仁有五道，仁的含义、意思、道理、情感和精神就是一个字——爱。"樊迟问仁，子曰：爱人"（《论语》语），"仁者爱人"（《孟子》语），"博爱之谓仁"（韩愈语），"仁者，不忍也，施生爱人也"（《白虎通义》语），"盖仁则是个温和慈爱底道理""仁字是个生底意思""仁义礼智……其发用焉，则爱、宜、恭、别之情"（朱熹语）等论述，都十分明确地给出了答案。

我们以上在一个比较广泛的范围内对"仁德"思想进行了梳理和探讨，有力地证明了儒家思想的主旨正是集中体现在"仁者爱人"上。

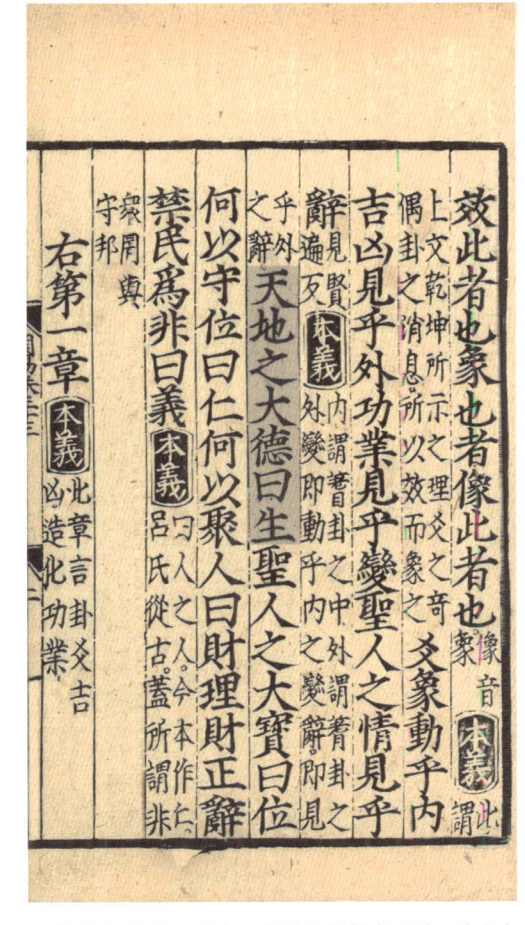

"天地之大德曰生"《周易经传传义》〔宋〕程颐、朱熹撰 明刻本

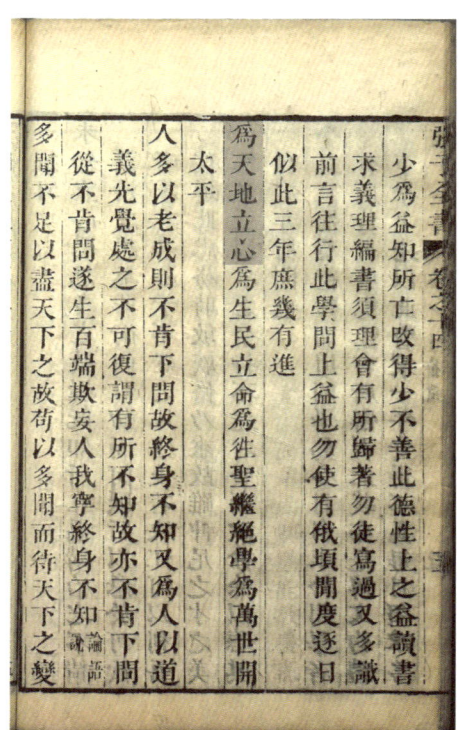

"为天地立心" 〔宋〕张载撰 清康熙五十八年朱轼刻本

这一爱的对象是广泛的,这一爱的内涵是丰富的,这一爱的精神是深沉的。我们要爱我们的父母("善事父母"的孝道),爱我们的兄弟姐妹("善事兄弟"的悌道),爱别人(忠恕之道,惠民之道),爱草木动物,爱天地万物(爱物之道),一句话,爱宇宙间的一切。那么,究竟怎么爱呢?也就是说,你要学会如何爱,这实际上非常重要。我的概括是:第一,爱一定要"有心"。没有心哪叫爱呢?大家要注意的是,爱的繁体字"愛"是有"心"的。仁的古字没有一个不跟心相联系的。千心为仁(恁),身心为仁(㥀)。而仁道的两大原则,忠恕二道,全是由心而构成。"中心为忠,如心为恕",此之谓也。如果再以孔子以后的孟子之论来加以强化,则更能突显"仁"字与心的密不可分的关系。无论是他说的"仁之端"的"恻隐"二字中有心(竖心旁),"怵惕"(竖心旁)中有心,"不忍"中同样有心。孟子的"仁,人心也"说的就是这个道理。总之,这是一种"善心"。第二,爱一定要"有情"。没有情哪叫爱呢?所以讲"仁者,亲也"。亲就是要体现亲密、亲近、亲切、亲热、亲爱之情。《说文解字》的"仁,亲也",此之谓也。

总之,这是一种"亲情"。第三,爱一定要"给予"。没有给予哪叫爱呢?爱一定要建立在给予和奉献的基础之上。"尽己为人""善为人谋""与人为善",都是在凸显这一点。而从反面说,如果不是给予而是索取的话,那么,爱就不存在了。在这里我还可以以道家与佛家有关思想加以确证。老子的《道德经》81章,也即最后一章给出如下的结论:"既以为人己愈有,既以与人己愈多。"老子是要告诉人们这样一个道理,尽力为别人,帮助别人,自己反而愈加充实;全部给予别人,奉献别人,自己反而愈加丰富。可见,老子的"为与"思想就是"爱人"也。佛教更是以"给人以乐谓之慈,拔人以苦谓之悲"的慈悲情怀宣扬着它的"布施""给予"的"爱人"思想。这些都是给别人带去幸福和快乐。第四,爱一定要"尊重"。没有尊重哪叫爱呢?尊重别人的尊严,尊重别人的选择,尊重别人的爱好。第五,爱一定要"分享"。爱是流动,有流动才可实现爱。由己推人、由近及远、将心比心、感同身受等都是实施爱的方法。只有实现了"泛爱众"、"博爱"、"美美与共",那才算叫做真爱。第六,爱一定要"宽容"。没有宽容哪叫爱呢?宽容别人的错误,宽容别人与自己的不一样,宽容别人的不文明不道德。概而言之,爱就是"有心""有情""给予""尊重""分享""宽容"这样六句话,我将其谓之爱的十二字真言。

黄山翡翠谷

仁及仁爱与其说是个理论问题，倒不如说是一个实践问题。换句话说，如果道德最终不落实到"道德实践"上，那么，道德就毫无存在的意义和价值。儒家正是认识到了这一点，所以才直接将"仁"定义为"力行"。"力行近乎仁"（《中庸》语），此之谓也。仁在儒家那里往往是作为一个本体之"道"的性质而存在的。仁在儒家那里可被视为是一个总体性存在，其精神实质是"爱"；但这一总体性以及精神实质如何得到体现呢？儒家乃是通过一系列德目做到了"体仁呈道"也。例如，恭、宽、信、敏、惠，温、良、恭、俭、让，忠、孝、节、义，礼、义、廉、耻，忠、恕、诚、信等等。如此，就会使我们能更好理解"仁"的实践性的特征。所谓"实践性"就是将道之仁落实到具体德行之中。韩愈也正是在这个意义上才指出"行而宜之之谓义"（《原道》）。由此也可解释孔子为什么不愿意将"仁"落实到某人某德之上的一个最重要的原因所在！从这里也是想告诉人们，"仁"是有着无限善的展开之"体"也。"仁"之体如若不落实到具体德目之上以及不表现出来，即"力行"起来，那么，此仁体就无法得到具体的呈现，它就会成为一个空洞的"无物"。《中庸》所谓的"力行近乎仁"一定是在这个意义去强调"仁"之体以及"仁"之行的特性的。一切道德还应具有情感性、神圣性，没有情感就无所谓道德。我们之所以强烈批判那些假道学的真正原因即在于这种道德不是建立在真挚情感之上的，它是虚伪的。没有神圣性就无所谓道德。我们之所以强调要将道德化作人们的内在的精神并加以热忱地追求，其真正的原因即在于它是神圣的。王阳明的"知行合一"论所要解决的问题，亦当是"力行"的问题。即是为了反对宋代时期过于强调"知"的倾向。在他看来，当一个人有了真挚情感以后，即"真知"以后，那一定是要落实到"行"的，否则就会放空了，于此这种情感就显得毫无价值和意义了。所以，王阳明的"知行合一"正是强调两头的"真知"（德性之知）与"真行"（德性之行）。能"真知"就可以保证"真行"的方向，而能"真行"才是"真知"的最后落脚处。

中华传统文化正是在对这种精神和方向的追求中，实现着人与自然、人与社会、人与人以及人与自身的和谐与平衡。所以说，仁爱是中华传统文化最广泛、最深沉的精神追求。有了她，中华民族才称得上是一个伟大的民族。

三 论义

论过"仁",接着当然要论"义",这不但是因为"义"与所有被称为中华传统文化的经典德目相联系,例如,"仁义礼智信"之五常有它,"礼义廉耻"之四维有它,"忠孝仁爱信义和平"之新四维八德有它,而且,习近平同志对中华传统文化概括的"讲仁爱、重民本、守诚信、崇正义、尚和合、求大同"六句话中有它,"富强、民主、文明、和谐;自由、平等、公正、法治;爱国、敬业、诚信、友善"之社会主义核心价值观中亦有它的内涵。由此说明,讨论"义"及其历史意义与现实意义都非常重大。然而,要想将"义"说清楚、说明白,又是一件非常不容易的事情。也就是说,"义"作为中国传统哲学,特别是儒家思想的一个最重要的概念之一,一向被认为是非常难以把握的,难就难在它的意思大多,情况过于复杂,标准难以确定。

(一)释义

第一,从《说文解字》中看"义"的含义。需要说明的是,我们现在所使用的"义"是繁体字"義"的简化字。而一般说来,要弄清楚一个字或说概念的本义都要依据《说文解字》对它的解释。而《说文解字》都是对繁体字进行解释。在《说文解字》中是这样释的:"義,己之威儀也。从我羊。"此处的"义"声读作第二声,同"仪"声。"仪"主要是就人的容貌和风度而言的,即指人的仪表。而"仪者,度也"。所谓"度"就是适度、适当之义也。人之仪容礼容皆得其宜,那当为善也,这是"义"读为"仪"的本义。这个本义就突出三个关键词:

一是度,二是宜,三是善。"義",从羊从我,它所要表达是"人与物"的关系问题,即是处理人与利的关系问题。"我"代表的是"人","羊"代表的是"物"。"义"的这字义倒是与甲骨文的"义"字的意思是相近的,都是强调要对事物进行均等和适度相宜的分割。通俗地说,义就是对物、对利的适宜地分配而达到的和谐的状态。《周易·文言》"利者,义之和也",表达的正是这个意思。由此可知,"义"就其本义来看,也是一开始就与"利"紧密相联。确定这一点是十分必要的,是使人们懂得,"义"是要在处理"利"的时候而显示出它的价值选择和意义导向。"利和同均"此之谓也。由此可见,"义"的一个最直接和最终的目的一定是要达到"分配"以后的"和谐"之效果。这也就是为什么,中国传统哲学又喜将"义"与"和"联系起来的原因之所在。"义者,利之和也",此之谓也。分而不当,分而不均,必然引起怨恨和争斗。正因为如此,我们才如此痛恨那些瓜分、贪污、侵占、豪夺、抢窃等行径。

第二,从多训义上看"义"的含义。在上述"义"的含义基础上,《释名·释言语》则对"义"给出了更加明确的定义,而这个"义"是读声为第四声的"义",也即是我们通常使用的词汇了。它说:"义,宜也。"宜的甲骨文作"",意思是表示将一块肉切成均等的两份或多份。从这一古义出发,我们应抓住两点:一是处理"物利"的;一是在处理过程要做到均等。特别是第一点以前往往没引起足够的重视。这层意思通俗地说,"义"就是如何来"分配"利。所以,"义"是在处理"利"当中而显示出其意义和作用的。也就是说,"义"不是与"利"截然相对立的一个概念。《释名》认为"义"与"宜"古义相通,即"裁制事物使合宜也。"这是对《中庸》"义者,宜也"的详解。以后的思想家也多是从这个意义上去解释"义"的。例如,韩愈指出:"博爱之谓仁,行而宜之之谓义。"(《原道》)朱熹《集注》:"义者,

甲骨文"宜"

行事之宜。"这种含义下的"义"实际上是要突出一个字，即"宜"。而"宜"又表示合宜之应当性与合宜之适当性二重意思。

那么，什么样的状态才能算做"合宜"呢？下面所论给出了答案："义者比于人心，而合于众适者也。"（《淮南子·缪称》）；"义者宜也，断决得中也。"（《白虎通义》）《墨子·天志下》说："义者，正也。"《荀子·赋篇》说："行义以正，事业以成。"《管子·水地》："至平而止，义也。"孟子说："义，人之正路也。"《乐记》说："仁以爱之，义以正之。"从这里可以清楚地看到，"义"是让人们在裁制事物的时候，要遵循"比于心""合于众""止于平""行于正""得于中"的原则。即是说，同于人心，符合大众，安止公平，行使正义，无所偏私的行事原则和道德规范就是义。所以，公平、公正、中正是"义"呼唤的精神，换句话说，公平、公正、中正是由"义"而产生的精神追求。

（二）义德的具体表现

1. 合宜为义

"义"的本义是"合宜"。公平、公正、中正、合宜的道理谓之"义"。《中庸》说："义者，宜也"，韩愈说："行而宜之之谓义"，朱熹说："义者，事之宜也"，所有这些都是在强调"义"是待人处事的合理与适当的准则、原则。概而言之，"义"是做人做事的"应当性"与"适当性"的行为准则。

但我们在这里要特别强调的是，作为一个道德原则和法则，作为一种精神追求，"义"是历史的、社会的、具体的，所以它是相对的和外在的，一句话，义是一个社会性范畴。这就决定了"义"的标准存在不确定性特点，这也是为什么说"义"是最难把握的原因所在。通俗地说，你怎么规定此行为是合义的，彼行为是不合义的？这很难。难就难在"它"不好确定。"它"不断与具体的历史和集团紧紧相关联。

这其中的历史性和阶级性必然成为"义"的内容。但尽管这样认识了"义",这并不表明一切都成为相对的和无法确定的。实际上,每个时代都规定何为"义"的标准。而这一标准制定的原则只能是"社会绝大部分的意愿和利益"。可能还要再加上一条,那就是——符合共同人性的对待与社会发展方向。上述的"比于人心"与"合于众适",此之谓也。如此,就堵住了代表少数人利益,或者是代表个人私利,甚而是反社会反人类集团利益的所谓"应当性"。例如,对于偷盗者来说,他们每天都能偷到东西、都有所收获是他们认为的应当的行为,即是符合他们特殊集团利益和要求的"义"。而对于损公肥私的人,对于一心谋取一己私利的人来说,他会认为那是他应当所得。然而,为什么无论哪个社会都主张"切勿偷盗"呢?任何社会都反对损公肥私和贪腐行为呢?其最根本的原因就在于,这种行为不符合绝大部分的利益以及违背人之为人的心性。所以亦才将其列为"不义"之举而受到所有文明社会的不耻与唾弃。

由此可见,"义"存在"大义"与"小义"的问题,更存在"对"与"错"的问题。也就是说,不能仅仅抽象地强调"合宜性"、"应当性",而是要将一切的言行放到一个更宽广的视野和参考系中加以判定它们的正确与错误。这就告诉我们,在审视某种行为的时候,是需要常怀"人心"与"大众"。人们需要经常心存"大义",并以此关照和检验一切行为的"当其所为"与"不当其为"。此乃孟子"先立乎其大者"之谓也。

2. 禁非为义

在这里,我们首先从禁止错误行为中来看"义"的含义。这正是"义"在反对和禁止错误和不当行为中而显示它的"正当"之含义的。换句话说,从反面和否定的方式来呈现"义"的正面和肯定的意义。具体说来,从正面讲,遵照公平、公正、中正原则行事的就称为"义";

孙坚见义勇为打海盗

从反面讲,违背公平、公正、中正原则行事的就称为"不义",而对这些不义之举进行禁止又被称为"义"。实际上这就是《周易·系辞下》所说的"禁民为非曰义"。意思是说,"义"是用来禁止人们做坏事的行为准则。说得再通俗些,"义"又是用来禁止一切不正当之人之举的行为准则。"不义之人""不义之财""多行不义必自毙"等句皆是指的这种情况,也就是说,反对这种行径都可被称为是"义举",从而又被视为是正当的行为而受到肯定的赞扬。例如,我们对那些检举、制止违法犯纪的人和事都会称赞其为主持正义、见义勇为。

3. 利和为义

"义"是用来处理"利"并欲达到"和"之局面的一种原则标准。"利者义之和",此之谓也。这一原则标准当然就是所谓"公平""公正"。当然,这里还值得强调指出的是,在与"利"相对的"义"这个层次里,还引入了"公"与"私"两个概念。一般来说,是将"公"视为"义",将"私"视为"利"。如若全然不顾公者、他者,而只顾私者、自己,那便伤义矣。从这里可以清楚地感知到,虽然在这个层次内的"义"是兼顾到了"利",但是,它最终还是给"得利"确立了一个不应超越的原则，那就是"公"（不是纯粹的自私自利）。正是在这个意义上朱熹才说："小人只理会后面半截，君子从头来。"意思是说，小人只知道"利"，而君子既知利，又顾义。"君子爱财，取之有道"，此之谓也。概而言之，"义"是在兼顾"利"之时而显示出的"公"义。也可谓，"义"即公也。天下正大就是公，自家私意就是私。"义"又用来

代表法律公平公正的独角兽

狴犴

表示完全公而忘私之大行也，或说，"大义"者也。这个公或者谓他人，或者谓集体，或者谓国家，或者谓民族。当然最大的"公"的对象一定是"天下"。"天下为公"，此之谓也。孔子的"君子喻于义，小人喻于利"（《论语·里仁》），此处之"义"，可能正是在上述意义上来立论的。概而言之，"义"是一种公而无私的品行。义的实践则要求公正。韩非子说："义必公正，公心不偏党也。"（《韩非子·说林》）所谓"正义"就是正确正当的原则，这些原则对应于善恶，善有善报，恶有恶报。正义的力量是不可战胜的，说的就是这种"义"。墨子说过："义者正也,何以知义之为正也？天下有义则治，无义则乱。"意思是通过实践即可检验"义"是要求"正"的（《墨子·天志》）。概而言之，"义"即正义者也。

4.善行为义

道义、节操、精神等善德善行就是义。元代的民族英雄文天祥在其绝灭诗这样写道："孔曰成仁，孟曰取义。""成仁取义"已然成为中华民族几千年来激励无数仁人志士为了国家为了民族为了人民而英勇无畏、甘愿牺牲的民族精神，而这种精神的锻造和培育正是由至

圣孔子与亚圣孟子共同完成的。孔子直言："志士仁人，无求生以害仁，有杀身以成仁"（《论语·卫灵公》），意思是说，有志向和有道德的人，绝对不会求得保全性命而做出损害仁德的事情，而是宁可牺牲自己生命来成就自己所追求的真理和信仰。孟子正是在孔子这一价值观的基础之上，提出了他著名的"舍生取义"思想。孟子曰："鱼，我所欲也，熊掌亦我所欲也，二者不可得兼，舍鱼而取熊掌者也。生亦我所欲也，义亦我所欲也，二者不可得兼，舍生而取义者也。生亦我所欲，所欲有甚于生者，故不为苟得也；死亦我所恶，所恶有甚于死者，故患有所不不辟也。"（《孟子·告子上》）这是说，鱼和熊掌都是我喜欢的，如果两者不能同时拥有，那就舍弃鱼而选择熊掌。生命和义都是我喜欢的，如果两者不能同时拥有，那就舍弃生命而选择义。生命本是我喜欢的，但是还有比生命更让我喜欢的东西，因此我不能做苟且偷生的事。死亡本是我厌恶的，但是还有比死亡更让我厌恶的东西，因此有的祸患我不能躲避。由此可见，孟子是在"生"与"义"二难的选择当中凸显他重义贵义的价值取向的。应该说，生命对于每个人来说都是极其珍贵的，但人之为人最可贵的属性也正是表现在他能够自觉到有比生命更珍贵的存在，并能够为了它甘愿抛弃极其珍贵的生命。由此可见，"义"实指与利相对的存在，这是一种比生命还要珍贵的存在，此在孟子那里又被称为"善"。上述的"舍生而取义者也"的"义"，"惟义所在"之"义"，以及为大家非常熟知的"王何必曰利？亦有仁义而已矣"之"义"。此处的"义"乃是指道义、节操、精神等品德。这个概念框架下的"义"，其实又与"善"这个概念等同了。孟子曰："欲知舜与蹠之分，无他，利与善之间也。"（《孟子·尽心上》）孟子认为，圣人舜与大盗跖两人之间的差别，没有别的，就在于利和善的不同而已。孟子在这里选用了"善"这个概念而与"利"形成相对的两个概念。由此，我们才说，"义"即"善"。如果我们将孟子的此种意义上的"义"，都替换成"善"的话，那么，就会自然使得问题清晰许多。具体说来，"舍生取义"，就是表示"舍

《苏武牧羊》 傅抱石画

生取善"矣。另外，与此相关的还有一个问题应该引起注意，那就是在孟子那里，所谓"尚志"的内容明确地被规定为能表征"善"的"仁义"之德。孟子在回答"何谓尚志？"的问题时给出的答案就是："仁义而已矣"（同上）。在孟子看来，"舍生取善"和"尚志"这便是"人心向善"的最高形式的体现。人心向善也即是崇道义尚志向者也。

5.羞恶心为义

对不行善而感到羞耻和厌恶的情感为义。这是从在违反"义"或说做了"不义"之事以后的情感态度和表现上来把握"义"的含义。这实际上是孟子所说的"羞恶之心"的范畴。也就是说，当你做出了"不善"之事后，你应该有"羞耻、惭愧"之心之意，这就叫做"羞"；当你看到别人做出了"不善"之事后，你应该有"厌恶、憎恶"之心之意，这就叫做"恶"。合而言之，"羞恶之心"就是"义"。所以孟子所说的"羞恶之心，义之端也""羞恶之心，义也，"（《孟子·告子上》）。如再进一步说，由羞恶之心而产生的"义"德是要向人们表明这样一个道理：即自己应该做的而没有去做和自己不应该做的却去做了，为此就要感到羞愧；当看到别人做了不应该的事后和应该做但没有去做的时候，为此就要感到厌恶。"羞耻己之不善也；憎人之不善也"（朱熹语），此之谓也。所以说，羞恶之心是一种情感意识，是一种防范错误的意识，能够促使主体控制自然欲望和负面感情不去做那些不该做的事情。

于是，这里所谈的"义"就具有了人性论意义。换句话说，孟子是将"义"看作是人之为人的先天的、内在的、本质的属性之一。由此可见，这是要回答和解决"义"是从哪里来的问题？中国哲学，尤其是儒家哲学主张是从人的内心生出来的，也就是说，"义"不是从外面来的。唯其如此，它才能成为超越性的评判善恶的标准性的存在。南宋的朱熹则明确指出："义者，心之制。"意思是说，义是人心内在的自我规范。这个人本来就有的自我规范之义实际上用来裁判断决善恶是非的。所以，"善善恶恶为义"正是在这个意义上立论的。通俗地说，义是强调好善恶恶，爱憎分明，是非分明。只是在孟子那里则是特别从反面强化了"义"的"羞恶"或说"恶恶"的一面。概而言之，"义"是人之为人之性的一部分，它主要承担了"善善恶恶"的裁决功能。

儒家正是通过对"义"之公平、公正、中正等美善的"应当的行为"的宣扬以及对当你做了违背这些美善的"不应当的行为"而应产生的羞耻和憎恶感的强调来伸张人性之善的。

（三）义的精神实质

综上所述，"义"从诸方面来确立其义，实际上是有内在统一性与关联性的。义之度性，义之利性，义之裁性，义之宜性，义之美性，义之善性，义之合性，义之平性，义之正性，义之中性，义之和性，义之分性，义之禁非性，义之人性等诸性都是在申论人的行为之应当性与适当性，宣扬的乃是公平、公正、中正的道德规范和精神理念。

孟子说："仁，人心也；义，人路也"（《孟子·告子上》），"仁，人之安宅也；义，人之正路也。旷安宅而弗居，舍正路而不由，哀哉。"（《孟子·离娄上》）孟子这里强调了"人"之路，而不是禽兽之路。人要走人路，不要走禽兽之路。"人之正路"是让人不要走歪路、邪道、鬼途者。从孟子这里的论述中我们可以清楚地发现，"义"的精神体现在"正"字上，也说明"义"德在孟子那里的含义是多样的。有"敬兄"义，有"羞恶"之情义，有"道义""节操"义，有"正"义。

任何一个和谐文明社会的建设，都不能离开以公平正义为本质内涵的义的支撑。经济领域利益的分配要讲义，社会福利领域的配置要讲义，司法领域的判决要并义，对自然界的开发利用要讲义，对各种产品的生产要讲义，面对公私群己要讲义，面对世道人心要讲义。如此才能克服利益的不均，减少司法的不公，净化环境的不正，消除权力的无度，消弭人心的不平，消灭私欲的横流，制止世风的日下等等，从而使社会生活的方方面面都呈现出适度、相宜、平衡、和谐的局面。再者，一个国家，一个民族在任何时候都要培植国民崇尚道义、坚持操守、注重气节的优良品质。因为"义"构成了人之为人的本质，"义"是最上等的品格。"义以为质""以义为上"（《论语·卫灵公》），此之谓也。唯其如此，一个人才能做到"不义既富且贵，于我如浮云"（《论语·述而》），更才能面对死亡而大义凛然、视死如归、宁死不屈。"杀身成仁""舍生取义"，此之谓也。最后值得再次强调指出的是，"义"德主要又承担起"行"所有德的神圣使命。如果说"仁"是"体"的话，那么，"义"就是"用"，就是"路"。这是"人路"，这是"正路"。所以，任何一个要建设文明社会的国家和民族的人民，绝对不可以舍去此路而不行走，否则那是件悲哀之事呢！"舍其路而弗由……哀哉"（《孟子·告子上》），此之谓也。这乃是我们"论义"的重大意义之所在。

四 论礼

中国之所以称其为中国,应该说离不开"礼"字。作为"国之四维"的"礼义廉耻"中有礼,"仁义礼智信"之五常中有礼,"孝悌忠信礼义廉耻"之八德中有礼,"礼仪之邦"又更被直接用来代称中国和

古人走路行礼

古人交友礼仪

称赞中国的文明。应该承认,"礼仪"文化成为中华民族独特的精神标识之一。然而,尽管"礼"在中华传统文化中和社会历史中有着如此突出的地位和重大的意义,但它却是在中华传统文化中遭受到最猛烈批判和否定的制度文化和道德规范。这主要发生在两个时期,一是新文化运动和五四运动时期,鲁迅提出"礼教吃人",一是"文化大革命"时期,全民批判"克己复礼"。一时间,在中华大地,只要一提起"礼",就会自然产生一种莫名其妙的反感和排斥。中国人不加

分析,甚至全然不知"仁义礼智信"五常为何物时而一味地给予否定和批判,其主要原因可能就在于这个"礼"字。有鉴于此,我们非常有必要好好来论论礼,以期还其本来面目,并最终彰显出"礼"的真正和积极的意义。

(一)释礼

礼有多义。礼字的繁体字写作"禮"。东汉许慎《说文解字》说:"禮,履也,所以事神致福也。从示,从豊。"这一解释包含以下几个信息,第一,礼是一种实践行动,履者履行也。第二,礼是一种宗教的祭祀

古人饮食礼仪

古人串门行礼

形式,示者祭祀也。第三,礼是一种表示祭祀用的容器,豊者器皿也。总之,礼是欲通过祭祀神灵而获得幸福的一种宗教实践行动和形式。从礼的这一起源义来看,它所要表现的是对神灵这一特殊对象的敬畏和庄敬之情。这是礼的原始义。

由宗教祭祀的形式以及由对神灵敬畏和庄敬发展而来的意义,随着所事对象的变化而呈现出礼的多重含义,同时也展现出礼所要表征的主要的精神实质。也就是说,由事神礼天到待人接物,礼从形式到

内容反映着一定的社会规范和道德规范。

（二）礼的具体表现

应该强调指出的是，礼是一个内涵丰富的概念，其作用和功能也是多方面的。有制度的，有法律的，有文化的，更有道德伦理的。礼在中国传统社会既具有外在法律规范和道德规范的功能，又具有内在伦理自觉的功能。所以说，礼的精神实质必然是通过多方面体现出来。礼主分，主让，主谦，主卑，由此构成"礼分""礼让""礼谦""礼卑"等，而这些同样对中国人的价值取向、生活方式、生存样态以及深层的民族心理结构产生了极其深远和重大的正负两方面影响。

1. 礼之分

礼有一个很重要的功能是它的"分"。所谓的"分"重点是强调和突出对不同等级和身份的划分。但这里强调指出的是，"礼分"也应从两个方面来理解。一是独立承担区分等级、分别尊卑的"礼分"；二是与"仁"相联的"礼分"。关于后一种"礼分"的意义与价值，我们将在以后的相关文章中加以探讨，这里重点就前一种"礼分"思想给予分析。在中国古代社会，礼正是用来规定这一等级的行为准则和道德规范。《礼记·曲礼上》说："夫礼者，所以定亲疏，决嫌疑，别同异，明是非也。"《汉书·公孙弘传》说："进退有度，尊卑有分，谓之礼。"这两句话的主旨

漫画礼仪

就是强调礼在确定人与人的亲疏关系、分别尊卑地位的同异等问题上的作用和功能。所以，《礼记·曲礼上》又说："君臣、上下、父子、兄弟，非礼不定。"应该承认和正视的是，礼的这种作用和功能尽管也有分工、秩序的意思，但更多地是凸显上下尊卑的等级性。如果掌握不好适度的话，或说走向极端化的话，那是极易会强化等级观念的，从而走向仁爱、尊重、庄重和恭敬的反面。中国传统社会的封建制和宗法制内在的要求正是等级制。为了这一需要统治者会不断强化符合这一制度的礼的观念，从而在现实中形成了以官本位为特征的不平等思想。所以说，与等级制度相适应的行为准则和道德规范的礼制应该属于中国传统文化中糟粕的成分，是理应受到否定和批判的。我们也只有站在这个角度和立场，才能充分理解为什么鲁迅先生那样猛烈地批判"礼教吃人"了。

尽管我们在理论上明确对"礼"作了区分，并实事求是地指出了作为维护等级制度的行为准则和道德规范的礼的负面作用和功能，但是，所有这一切并不表明，我们就可以不加区分和分析礼的丰富而又具体的内涵及其精神，而一味地对礼加以全盘否定。实际的情况恰恰相反，礼在其他方面和层次上所表现出来的道德规范和伦理精神对铸造我们中华民族诸多优良品质起到了积极正面的作用。这正是礼主让、礼主谦、礼主卑的"礼让""礼谦""礼卑"精神。"礼让""礼谦""礼卑"实际上是从三个不同程度上对礼的本旨——敬的具体化而已。换句话说，"礼让""礼谦""礼卑"是对"礼敬"的具体落实。

2. 礼之让

所谓"礼让"主要强调的是将好处和方便给别人，以此体现对他人的尊重和恭敬。这个例子最有代表性并为中国人非常熟悉的就是"孔融让梨"和"六尺巷"的故事。"孔融让梨"的故事讲的是这样一件事，东汉末年一位名叫孔融的人，他有五个哥哥、一个弟弟，一日家中买了一些梨子，父亲和哥哥们让孔融和弟弟先拿，盘中梨有大有小，

孔融让梨

孔融只拿了一只最小的梨子。父亲问他,"盘中这么多梨,让你先拿,你为什么拿最小的?"孔融说:"我年纪小,应该拿最小的,大的应该留给哥哥。"父亲又问:"弟弟不是比你小吗?"孔融说:"我比弟弟大,我应该把大的让给弟弟。"孔融让梨的故事一直在中国广为流传。"融四岁,能让梨"也以其"礼让"品质成为教育孩子的经典语句。

"六尺巷"的故事讲的是这样一件事:清朝康熙间有人大学士名叫张英,一天张英收到家信,说家人为了争三尺宽的

六尺巷壁画

宅基地，与邻居发生了纠纷，要他利用职权疏通关系，打赢这场官司。张英阅信后坦然一笑，挥笔写了一封信，并附诗一首：一纸家书只为墙，让他三尺又何妨？万里长城今犹在，不见当年秦始皇。家人接信后，让出三尺宅基地，邻居见了，也主动相让，结果成了六尺巷。这个故事的结局是和谐的，而实现此的前提是"礼让"，呈现的精神是恭敬。"礼之用，和为贵"，此之谓也。

3. 礼之谦

"礼谦"主要强调的是对别人的谦虚而有礼貌。以此体现对他人的尊重和恭敬。这个例子最有代表性并为中国人非常熟悉的就是刘备"三顾茅庐"的故事。东汉末年，刘备听说深居隆中卧龙岗的诸葛亮很有才干，就和关羽、张飞带着礼物去请诸葛亮出山辅佐他。前两次都没见到，刘备只得留下一封信，诚恳表达自己对诸葛亮的敬佩和请他出山的意思。过了一些时候再去拜访时，诸葛亮正在睡觉，刘备不

三顾茅庐

敢惊动他,一直站到诸葛亮自己醒来,才进屋坐下谈话。这个故事充分反映出刘备对诸葛亮的礼谦和恭敬,正因为如此,也感动了诸葛亮,并最终出山帮助刘备形成三国鼎立之势。诸葛亮在其《出师表》中不无感慨地记述了这段经历:"臣本布衣,躬耕于南阳,苟全性命于乱世,不求闻达于诸侯。先帝不以臣卑鄙,猥自枉屈,三顾臣于草庐之中。"

4. 礼之卑

"礼卑"主要强调的是放下自己的身段,甚而卑弱自己而宽厚谦逊待人。以此体现对他人的尊重和恭敬。这个例子最有代表性并为中国人非常熟悉的就是"将相和"的故事。这个故事出自司马迁的《史记·廉颇蔺相如列传》。战国时赵国舍人蔺相如出使秦国,不辱使命,屡建奇功,被赵王封为上卿,位在赫赫有名、战功卓著的廉颇将军

将相和

之上。廉颇认为蔺相如只凭口舌之功却比他官大,对此很是不服气,并对他人说,以后让我见到他,必定会羞辱他。蔺相如知道后,请病不上朝,不愿跟廉颇争位次,在路上遇到廉颇也绕道避开他。连蔺相如的门人都承受不了这样的羞耻屈辱,纷纷要离开蔺相如。蔺相如对门人说,我连比廉颇厉害的秦王都无所畏惧,难道偏偏害怕廉将军吗?但是我想到,强大的秦国之所以不敢轻易对赵国用兵,只是因为有我

们两人在啊！现在如果两虎相斗，势必不能共存，我之所以那样做，全是以国家的安危为重啊！后来廉颇知道缘由以后，非常羞愧，来到蔺相如家负荆请罪。两人终于相互交欢和好，成为生死与共的至友。

由上可知，以谦让、谦卑为特征的"礼"讲究的是"卑己而尊人"，对于这一富有中国特色的思想观念，一定要给予深入理解和把握。可能在一些人看来，将自己放在一个卑下的地位，似乎有失自己的尊严，或者认为这可能导致不平等的等级观念的产生。但礼德的实质及其精神绝对不能做这样的揭示，其实中国思想家深刻洞察到人与人的交往更重要、更本质的是一种情感交往，只要是出自内心地对他人尊重，哪怕是卑下和委屈自己，也会给对方带来心灵深处的撞击，并因此会做出相应的回报，从而到达彼此的和谐团结，这就叫做"交往""交换""感应"，这就叫做"和谐""和睦""和合"。中国传统文化通过不同的方式来表达这一理念，那就是"礼尚往来""来而不往非礼也"。孟子所说的"有礼者敬人……敬人者，人恒敬之"，《论语》所说的"礼之用，和为贵"，其虚言哉！我们上面所讲的四则历史故事，有力地确证了这一点。对于这一理念和实践，我们应有更深刻领悟。

（三）礼的精神及其功用

礼被中国人看作是天经地义、人道所依的最高原则。《左传》记子产语："夫礼，天之经也，地之义也，民之行也。"从宏观上说，礼是用来经世安民的。《左传·隐公十一年》说："礼，经国家，定社稷，序人民，利后嗣者也。"就是说，礼是有着治理国家、安定社会、秩序人民、利益子孙的功用的。从微观上说，礼是用来举行典礼仪式的。中国古代有吉礼、凶礼、宾礼、军礼、嘉礼这五礼之分。在日常生活中又以婚礼、丧礼为最有代表性。

1. 礼的精神在于报恩

礼的精神体现在两点：一个是大报本也；一个是敬。荀子说："礼有三本：天地者，生之本也；先祖者，类之本也；君师者，治之本也。"也就是说，在这里荀子明确指出了"礼"所要报答的三大对象及其三个最根本的功能和作用。但如果我们再加以仔细区分，即可发现荀子这里涉及了五个对象，一个是天，一个是地，一个是亲，一个是君，一个是师。合起来并称为"天地君亲师"（亦称为"天地国亲师"）。由此可见，这五大牌位以后几千年也成为中国人的崇拜对象。天地是生成万物的根本性存在，所以在中国人文化意识中，对具有生物生人的"大德之天地"是抱有非常神圣的敬畏之心以及感恩之情的。以至于在人生大礼的婚礼上，一对新婚夫妇完成三拜的第一拜就是"拜天地"。或干脆将男女成婚之礼叫做"拜天地"。先祖者是直接给予人类生命的存在者，每个人的身体发肤都是来自自己的父母双亲，所以在中国人文化意识中，对于生我们养我们的"高堂之父母"是抱有非常深厚的孝敬之心以及感恩之情的。师长是传播道德、传授业务、解除困惑的

天地君亲师 碑位

存在者，一切文化人和受教育者的意义生命在一定程度上是来自我们的老师，所以在中国人文化意识中，对于教化我们的"西宾之教师"是抱有非常崇高的尊敬之心以及感恩之情的，以至中国人用"一日为师，终身为父"和"师恩难报"

韩信报恩

来表达对自己师者的崇敬和感恩、报恩之意！当然，至于对"国君"的报恩，那更多的是入朝做官的大臣们的事，而与匹夫之贱的民众似乎没有直接的关系。应该承认的是，在中国传统社会中，"精忠报国"的意识在民众中是显得比较淡漠的。有关的问题我会在"论忠"德的部分做更为详细的分析和阐述。由此可见，上面所论的内容与"礼"之本义为"祭祀"是有直接关联性的。这是谈"礼"的报本精神和崇拜精神。

2. 礼的精神在于主敬

所谓"敬"，指的就是相互尊敬。"敬"是"礼"的精神实质之所在，离之，"礼"就失去积极意义和价值了。也就是说，否定了"敬"的精神，一切"形式"（仪式）皆将失去其意义，从而蜕变为"虚设"意义。也就是说，作为仪式的礼是十分繁多的，但所有的形式都要反映同一个精神理念，那就是恭敬。所以古人有言："经礼三百，曲礼三千，可以一言蔽之曰：毋不敬。"所谓的"毋不敬"，意思是说，身心内外不可使有一点不恭敬之意。由此可见，礼是要通过一定的形式来表征对对象的庄敬、恭敬、尊敬、崇敬之情之意。所以，"敬"构成礼之纲领和要旨。

与此相联，礼敬必然地成为中国人在日常的待人接物中和交往交际中所要遵循的行为准则和道德规范。它体现在人的举止、仪表、语言、程序等方面，这可以用"礼貌"这个概念来给予概括。例如我们会将这样的举止、仪表、语言、程序等称为礼貌的行为方式。举止要求的是得体有度，斯文不鲁莽；仪表要求的是整洁庄重，着装得体。有度、斯文、庄重、得体都是基于对他人的尊重和友善；语言要求的是美善温暖，和缓不冲动。"谢谢你""对不起""没关系""我爱你"当这些语言成为我们每个人对他人的表达方式的话，它所产生的力量是无法估量的。再举一个例子，我们常常在生活中见到，所有家长都会要求他们的孩子见到人，特别是长辈，要喊人。如果这个孩子没有这样做，就会被评价为不懂礼貌、没有礼貌；程序要求的是有条不紊，张弛有度。购买东西要按顺序排队，要讲究先来后到，乘车要先下后上等等。做到了上述这些，就叫做礼貌，就叫做文明。由此可见，礼貌与文明是可以互释的。

以敬为体的文明礼貌是讲究形式与内容的有机统一。内容决定形式，形式反映内容。在这个意义上的文明礼貌就成为了一种道德观念。正因为如此，亚圣孟子才将"恭敬之心"视为"礼"这一道德的开端。他说："恭敬之心，礼之端也。"

从正面讲，遵循主于敬的礼，那就是符合道德的行为。从反面讲，不遵循主于敬的礼，那就是违反道德的行为。亦正是在这个意义上，孔子明确提出他的主张，即"非礼勿视，非礼勿听，非礼勿言，非礼勿动"。这是要求人们"视、听、言、动"处处都要遵循一定的行为规定和规范。孔子的这一思想，无论从哪个方面去评价，都应得出正面和积极的意义来。具体说来，不让你看那些黄色、暴力的读物和影视作品，不让你听靡靡之音和污言秽语，不让你说粗话脏话和恶语妄语，不让你大声喧哗，不让你乱丢杂物，不让你横穿马路，不让你随地吐痰，不让你损坏公物，不让你破坏自然等等，这不就是用礼仪礼节来规范每个人自己的言行和举止吗？任何一个倡导文明社会的国家和集体，此礼都是需要遵守和遵循的。各级组织、单位制定的文明规范，文明守则所要体现的内容都是由"礼"来完成了。

3. 礼的功用在于文明和谐

因为对他国他人恭敬尊重了，对他国他人宽容大度了，所以，国与国、人与人之间就会彼此尊重和友善了，从而就会出现和谐的局面。正因为如此，儒家才明确道出了这种逻辑关系。《论语·学而》记载："礼之用，和为贵。"意思是说，礼的应用，以和谐为贵。中华的"礼乐"文明和"礼仪"文明讲究的都是一个"敬"字，都是强调一个"和"字。"敬和"乃是体现中华文明最重要的精神标识。孟子曰："有礼者敬人，敬人者，人恒敬之。"（《孟子·离娄下》）《论语·颜渊》说："司马牛忧曰：'人皆有兄弟，我独亡。'子夏曰：'商闻之矣：死生有命，富贵在天。君子敬而无失，与人恭而有礼，四海之内皆兄弟也。君子何患乎无兄弟也？'"这里强调"敬慎"（庄敬）和"谦恭"。也就是说，"四海之内皆兄弟"的前提乃是对人"敬而无失"，"与人恭而有礼"。当然这是"君子"所为，"小人"未必能做到"对人敬"，"与人恭敬"。所以，"凡礼之体主于敬，而其用则以和为贵"遂成为中国古人

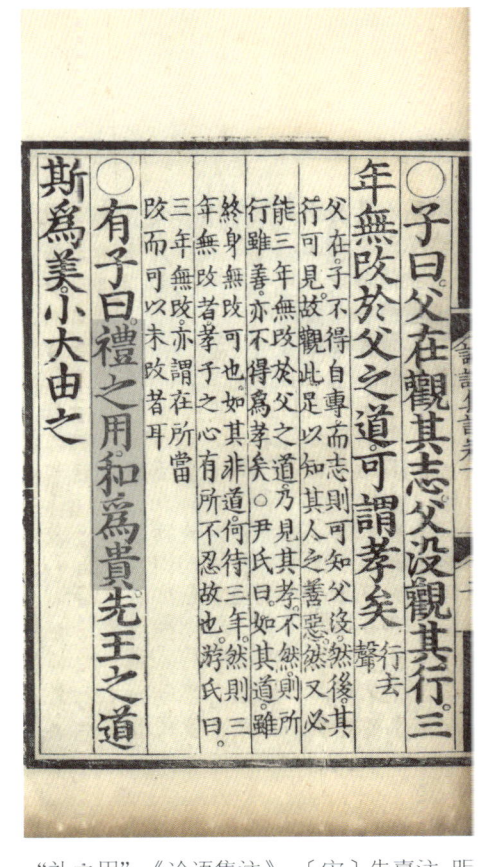

"礼之用"《论语集注》〔宋〕朱熹注 明嘉靖二十七年（1548）伊藩刻四书集注本

的共识。中国作为一个有着几千年历史的泱泱大国，其气度和气象的彰显就显得特别重要。如何在新的历史条件下，发扬中华传统文化中礼的精神并对"文明和谐"这一国家层面的社会主义核心价值观大力弘扬，自然成为时代课题。

（四）社会习俗之礼的文化意义

礼在中国传统文化中多是作为"社会习俗"而存在的。我们说，"礼"虽然是规范，但它是一种社会习俗，是一种习惯成自然的"法"。更为重要的是，"礼"是由恭敬、辞让之心"生"出来的道德、规范，即它属于"道德"范畴，而不属于"法律"范畴。所以我们常说的荀子是重道德教化的，非法家的法律惩罚。"教化"使人亲，"惩罚"当然使人畏。如此就能更准确理解《论语》中的两段话。一段是"道之以政，齐之以刑，民免而无耻。道之以德，齐之以礼，有耻且格"（《论语·为政》），一段是"礼之用，和为贵"（《论语·学而》）。儒家重教重化。"助人君，顺阴阳，重教化"（《汉书》语）；"修道之谓教"（《中庸》语）；"观乎人文，以化成天下"（《周易》语），此之谓也。清代学者陆世仪说："今士大夫家每好言家法，不言家礼。法使人遵，礼使人化。法使人畏，礼使人亲。"在中国传统社会，"礼"往往起着"法"的作用，即它成为一种习惯成自然的"法"。"习俗"对于一个国家很重要。孟德斯鸠在其《论法的精神》说："当一个民族有良好的风俗的时候，法律就是简单的。"这里就使我想起了老子和孔子有关论述的本义之所在的问题。具体说来，老子说："法令滋彰，盗贼多有"（《老子》57章），实际上他在告诉人们，法令有许多，那是说明社会的风俗不好的缘故，或者说失去了良好的风俗后，法令必然会多。孔子所主张的"导之以政，齐之以刑，民免而无耻"（《论语·为政》），也在强调如果没有良好的风俗，政刑就会繁多。所以孔子才那么强调"德"和"礼"在强化社会的风俗中的巨大作用。

再有"礼之用,和为贵",也充分说明孔子强调良好风俗建设的重要性。这提醒我们应站在这样的角度去把握这句话的深义。另,"有耻且格","格"者,行为是格的,就是方方正正的。也就是说,他们不是简单地去否定法律的作用,而是看到了更深刻的良好的风俗对社会治理的根本性的重要作用。

(五)"让"是儒道佛三家共同主张的价值观

总的说来,礼让、礼谦、礼卑实际上其精神实质就是一个字——让。也正是这个"让"构成了中华传统文化儒道佛三家共同所主张的价值观。换句话说,如果用一个字来表示中华传统文化最显著的特征的话,"让"字一定是比较符合实际和非常贴切的。因为在确定一种文化的所谓特征的时候,始终应该考虑两个维度,一是自己有而别人没有;二是自己有的与别人有的完全是对立和相反的。所谓特征的确证,应同时符合上述两条基本原则。具体说说"让"的观念。中华传统文化的儒道佛三家都是共同三张"让"的:儒家主张"礼让",道家主张"退让",佛家主张"忍让"。与"让"的理念相关的,或说能够成为"让"的更为基础的理念一定是"谦"。所以我们会发现,儒家是主张"谦逊",道家是主张"谦虚",佛家是主张"谦忍"。而如果再找"让"与"谦"更为基础和前提的理念是什么呢?那答案乃是:"敬"字。从这里我们会深切体会到,为什么宋明理学家那么重视"敬"的原因了。因为唯有"敬",才能实现对人对事的"让"与"谦"。由此看来,在研究中华传统文化的核心价值观的时候,不能忽视对"敬"的探讨。尽

至圣先师孔子像 〔清〕无款

孔子圣迹图之问学老聃

老子像

管"敬"的理念可以通过其他一些概念得到体现，例如，通过"诚"可以反映"敬"的精神，"敬诚"可以连用。通过"忠"可以反映"敬"的精神，"敬忠"可以连用。而且，按照《说文解字》的解释，"忠者，敬也"，实际上此二字是可以互释的，但我们又说，那这都是通过转换后才得出的观念，如此并没有突出"敬"字是作为中华传统美德的更为基础性功能这一重要之点。

正因为"让""谦""敬"构成了中华传统文化的核心价值观，所以，在中华传统文化中又从反面来强化这一核心价值观的。这就是为我们非常熟知的，儒道佛三家共同的主张——不争。所谓"不争"，就是明确反对"争斗""争夺""争强""争胜""争勇"。也就是任凡那些属于"争名夺利""争强好胜"的人和事都是中国传统文化所要反对和否定的。

中华传统文化中无论是主张"性本善"论的,还是主张"性本恶"论的,实际上都是将"争"视为反面的和不应该提倡的行径。就拿主张性恶论的荀子来说,正是因为他看到了人们出于其自然生理的本性一定会发生"争"的,而"争"的结果,那一定会带来社会的动乱。正是要避免这种不安和动乱,荀子才指出,圣人创造"礼"的必要性。因为"礼"的一个最大的功用即在于"规范"人们的行为,从而避免因为"争夺"而产生的坏的结果。一句话,荀子的思想目的,是主张通过礼的约束而使人们"不要争"。那么,主张性本善论的儒家更是明确反对"争"了。道家和佛家亦正是欲通过人之真性:道家谓之"自然"之"道性",佛家谓之"本然"之"佛性",去克服人们因为真性不显而造成的"争"。"不争""无争"始终成为道家和佛家一以贯之的核心价值观。

而反观西方的价值观,我们会发现,他们就是强调人们的"争",并将其视为全社会人们信奉的价值观。如果我们是从理性出发,而不是从感情出发,把中西文化及其价值观进行比较的话,更重要的是,通过实践去检验的话,究竟哪一种文化和价值观能够给社会带去"和平"?其实是非常清楚的。所以如果从人类社会长期发展来看中西文化,我始终坚定地认为,中国传统文化及其核心价值观,是能够给人类带来和平的。"它"

释迦摩尼

是一个方向，是一个目标，是一个究竟。不能够仅从历史和现实所出现过的"情况"，就断定主张"竞争"的西方文化就是好的，就是代表人类发展方向的。我绝对反对这种认知，因为即便"实际情况"所展示的，也未必是符合人性的对待的。两次世界大战都是西方人发动的。

我们研究中华传统文化，不能从理论到理论，而是要关照现实，关照未来。而这两个关照的最基础仍然是"人性"。寻求符合人性的对待，应该是所有理论都不可以须臾离开的根据。万世的"太平"局面的实现，究竟要靠什么样的人性理论以及由这种理论引出的核心价值观，应该说是每一位理论工作者不变的治学纲要。北宋思想家张载给士大夫，也就是今天所谓的"知识分子"所提出的四条要求之一就是"为万世开太平"。这里有两个概念需要引起高度重视，一是"万世"，二是"太平"。即要从长远的角度来切入问题，再者要从终极的目标来认定问题。如果遵循这种原则，我可以肯定地说，只有中华传统文化所昭示的价值观才是符合人类社会发展要求的。我们应该有这样的文化自觉和文化自信。

（六）"礼"的多重文化意义及其与社会主义核心价值观的关系

如果我们再对"礼"进行一些深入的探讨，就会发现中华传统文化的许多方面，或说意识形态都与"礼"有着内在的关联性，从而也从一个侧面证明了为什么中国和中华文明被称为"礼仪之邦""礼乐文明"了。具体说来，"礼"喜与"法""义""仁""乐"相连而形成不同的价值观，以及这些价值观所反映的中华传统文化的精神侧重的不同。对"仁"而言，"礼"是"节文"；对"乐"而言，"礼"是"异"。仁是表示亲爱，礼是表示敬爱。《礼记·乐记》说："乐者为同，礼者为异。同则相亲，异则相敬。"也就是说，"礼"所表现出的爱不是血缘的爱而已，它只是将"爱"变成了血缘之外的"对象"

罢了。对"义"而言，'礼"是形式；对"法"而言，"礼"是社会习俗。

我的结论是，读懂中华传统文化一定要读懂"仁礼观""礼乐观""礼仪观""礼法观"。其中道理非常简单，通过"礼"这一德目，中华传统文化试图解决的问题是包括多方面的，举凡道德与风俗、风俗与法律、仁爱、文明等精神的外在形式和表现等等，无一不要借助"礼"来反映！如此去理解宋明理学为什么将儒家文化归结到一个"敬"上，这亦充分体现出"礼敬"在中华传统文化中的突出地位及其重大意义。中国之所以被称为"礼仪之邦"，也在于中国文化十分强调对人对事的"恭敬""谦让""谦和""尽心""勤勉"。

通过以上在多层次上对"礼"的论述，就为我们展开它与社会主义核心价值观的比较研究提供了多角度和多层次的可能。也就是说，实际上，中华传统文化中的"礼"的思想与社会主义核心价值观中的"文明""和谐""法治"存在着内在关联性的。这也提醒我们，对包括"礼"在内的中华传统文化中的概念，尤其对儒家许多德目的理解一定要从多个层面和意思中去切入，如此才能全面呈现它们的价值观及其意义之所在。我始终认为，特别是对"礼"的理解和把握一定要弄清楚它的诸多含义，而"礼"的多重意义又正是在此基础之上而得到呈现的。实际上这里还存在这样一个问题，即为什么在学界有将"礼"作为中华传统文化的全部核心，它究竟在理论上有何根据。在我看来，其根本原因仍然是在于要对"礼"的多重意义的揭示完整后才能做得到的。通俗地说，对"礼"的研究要分层次性，通过这一层次性而又要注重"礼"与其他概念相连后而形成的特殊含义。例如，作为"规范"之"礼"当与"制"（"法"）相连，从而形成'礼制"（"法"）的概念及其意义；作为"形式"之"礼"当与"仪"相连，从而形成"礼仪"的概念及其意义；作为"庄重"之"礼"当与"敬"相连，从而形成"礼敬"的概念及其意义；作为"等差"之"礼"当与"别"相连，从而形成"礼别"的概念及其意义。而当我们在一个比较清晰的框架下细分出了"礼"

的多重意义，再来寻求它们与社会主义核心价值观中的相关条目存在的内在的关联性，就显得具体而又清晰了。具体说来，"礼制"（或说礼法）当与"法治"条目存在某种内在的关联性；"礼仪"当与"文明"条目存在某种内在的关联性；"礼敬"当与"和谐"条目存在某种内在的关联性；"礼别"当与"和谐"条目存在某种内在的关联性。

我们先来说"礼制"与"法治"的关系问题。在上面曾特别强调过，"礼"虽然是规范，但它是一种社会习俗，是一种习惯成自然的"法"。更为重要的是，"礼"是由恭敬、辞让之心"生"出来的道德、规范，即它属于"道德"范畴，而不属于"法律"的范畴。简单地说，儒家所宣扬的"礼制"或说"礼法"（被称为习惯成自然的法，即社会习俗）是与法家所宣扬的"刑法"意义的"法"完全不是一个概念框架的问题，所以它们所表征的价值和意义自然是完全不一样的。也正是在这个意义上说，社会主义核心价值观中的"法治"思想不应从法家思想中去寻求根据，而应是从儒家的"礼法"中去寻求。这里实际上又存在反过来如何正确理解现代意义的"法治"思想的问题。也就是说，现代意义上的"法治"当有个超越单纯刑法的意义的问题，其中包含着平等权利等意义。

文明往往与礼貌相连而形成"文明礼貌"概念。文明往往与和谐相连而形成"文明和谐"概念。这里实际上存在着非常强的关联性。有礼才有文明，有文明才有和谐，所以有礼才有和谐。更为重要的是，"礼仪"都暗含着人性所特有的道德和对生命的敬畏。诚如《礼记·郊特牲》中所指出的那样："无别无义，禽兽之道也。"文明的概念始终是与"人"和"人文"概念紧密相连的，而如若是非"人"和非"人文"的，那就是"禽兽之道也"，从而那就是非文明的野蛮者也。

从我们对"礼"的全面论述中，可以清楚地认识到，礼仪文明、礼乐文明、礼义文明无不关乎一个国家、一个民族的气度和气象，而礼敬、礼让、礼谦、礼卑又无不关乎一个人的修养和品行。由"礼"而反映出来的"让"，已然构成了中国传统文化的价值观。这一价值观是以体现人性之良善而建立起来的，这一价值观是以实现社会之和谐文明而建立起来的。总之，一个国要立需要知礼，一个人要立需要知礼。"不知礼，无以立也"（《论语·尧曰》），此之谓也！

五 论智

在儒家"仁义礼智信"五常里,当属"智"最不易理解和把握。其原因就在于,它不像其他四常("仁义礼信")那样意思明确。从字面上不易能直接得出它的意思,相反,如果按字面意思来理解,恰恰会对"智"得出错误的结论。具体说来,"仁"可与"爱"相联构成"仁爱","义"可与"正"相联构成"正义","礼"可与"敬"相联构成"礼敬","信"可与"诚"相联构成"诚信",惟独"智"做不到。如果你将"智"与"慧"相联而构成"智慧"一词,那么,却无法确切显出我们说的"智"之本义。换个方式说,你可以选择用"仁义礼信"任何一个或几个德目来概括中华传统文化的核心价值观。例如,你可以说是"仁",可以说是"信",可以说是"仁义",可以说是"仁礼",当然也可以说是"礼义",但你却不能说是"智"。道理十分明了,你不可以将知识和智慧当成一个民族的核心价值观来认识和践行。

(一)五常中的"智"不是指聪明、智慧和知识

过去许多学者在论述"智"的时候,往往首先会指出古人的一个观点,即认为在中国古代"知"与"智"相通,并以《说文解字》和有关《说文》注来加以证明。再者,还会引孔子的"知者不惑,仁者不忧,勇者不惧"(《论语·子罕》);"知者乐水,仁者乐山。知者动,仁者静。知者乐,仁者寿"(《论语·雍也》)来加强这种认识。然而,值得强调指出的是,所有这些都只是在表达聪明、智慧意

义上证明"智"与"知"是相通的,但不能以此证明五常中的"智"也与"知"相通。我这里仅对被称为"三达德"的"仁知勇"中的"知"稍加论述。此处之"知",亦可被理解为"智"。比"智"更多的是从聪明智慧意义上而显其义的。具体说来,三达德中的"智"是用来规范"仁"和"勇"的,因而也就具有了方法论意义。具体说来,当一个人在行"仁"的时候,需要注意方式方法的。通俗地说,好心未必一定就能办成好事,或者说好心未必能办成好事。为什么老百姓喜欢说,好心办坏事呢?关键原因就在于,这个人在办事时没有注意运用一定的智慧,没有理性地分析,没有方法的介入,没有因时、因势、因地、因人的权宜之变,仅凭出发点好和动机好,其他什么都不管了,其往往都不会达到什么好效果。由此看来,智慧的运用在"三达德"中是不可或缺的。同样,一定的智慧对于规范和引导勇气亦是必不可少的。有智慧的勇气才能算作真勇气,有勇气的智慧才能算作真智慧。"有勇有谋","智勇双全",此之谓也。无谋之勇,只能算作匹夫之勇。无勇之谋,只能算作巧舌之智。方法之智,谋略之智,乃是知识和理性的表现和运用。当然,我们还可以从更高、更广的角度来理解这样一个"智",即可上升到"究天人之际,通古今之变",

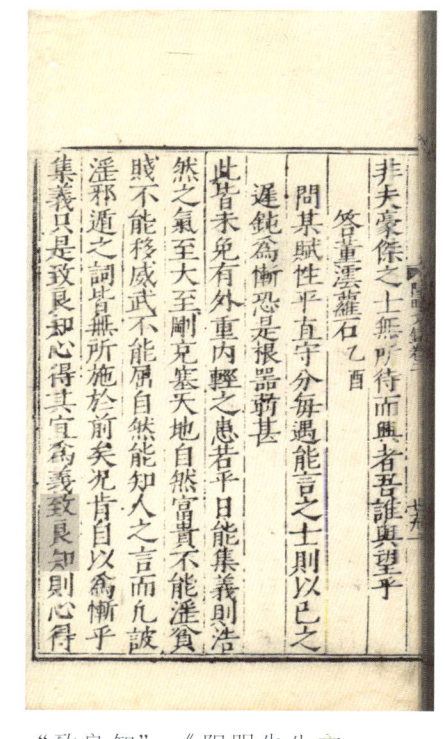

"致良知"《阳明先生文录》明嘉靖三十六年(1557)胡宗宪刻本

山东省邹城市孟庙亚圣府

"判天地之美,析万物之理"等大智慧上,此"智"显然已不是简单的知识了,上面提到的孔子所谓的"智",其实都具有了此种意义和境界。然而,即便如此,它们也不是"五常"中之"智"所要表征的本质内涵和真实意义。简言之,"五常"以外的知或智,不管是在何种意义和境界上使用的,它都与"五常"中的"智"不是一个概念框架。正因为如此,对"智"的讨论,就不能像先前论仁、论义、论礼时,在字源上,字的本义上,字的古义上来对"智"作一番考证和辨析。如果那样做了,一定会对准确把握五常中的"智"有着极大的障碍作用。例如,你在解释"智"的时候,首先告诉大家,智亦作"知",引《说文》段注以证明之:"此与矢部知音义皆同,故二字多通用"。《释名·释言语》:"智,知也,无所不知也。"而《说文》对"知"这样解释:"知,词也。从口,从矢。"徐锴系传:"凡知理之速,如矢之疾也,会意。"通俗地说,通过识物辨物后经人口像放箭一样将所知之理快速传出去,这就是"知"。但务必请大家注意,上述对"智""知"的诠释,全然与仁、义、礼、智、信之五常中的"智"无涉。而如果将注意力放在此处,那势必会混淆,甚而会误导对五常中的"智"的理解。所以我要强调指出的是,如果要说五常的"智",只有就"五常"之智来说智,从而才能将"智"说清楚。

(二)五常中的"智"既是良能,又是良知

按照孟子的解释,所谓"良能"就是"人之所不学而能者",通

山东省邹城市孟庙承圣门

俗地说，就是人天生的一种潜能。所谓"良知"就是"人之所不虑而知者"，通俗地说，就是人天生的一种判断力。被称为人天生的一种潜能的"良能"，在儒家思想中是专门指人的"向善之能"，或说是人的"向善的秉性""向善的倾向"。这种能力我姑且名之为"智能"。这一"智能"具体就表现为孟子所说的"恻隐""羞恶""辞让"以及由此生成出的"仁""义""礼"这些向善的道德能力，到了汉代又增加了"信"这一向善的道德能力。被称为人天生的一种判断力的"良知"，在儒家思想中专门指的是人的"知是非之能"。这种能力我姑且名之为"智力"。这一"智力"具体就表现为孟子所说的能够判断出是非、善恶、美丑的心力。概而言之，五常中讲的"智"，是专指人之根性的心性所具有的"智能"与"智力"，而这种"能力"的"智"

是在判断道德上的"是非"呈现出它的功能，换句话说，这种"能力"的"智"不是指用来判断、分析和综合事物属性的知性和理性。

具体说来，由"向善之心"外现的仁、义、礼、信诸德，能否真正得到本来意义上的呈现和实行，那是需要一种存在来给予判断的。这个存在就是我们说的"智"。也就是说，"智"本身就具备"判分"道德上的是非的原始能力。值得强调指出的是，一旦经过"智"鉴别和判分的"是"，就必然成为超越时空的"是"，或称为绝对的是。所谓"绝对的是"就是无论何时何地它都是正确的，也即成为永恒不变的"原则"了。它不会因为时空不同而有所改变或增减，从而最终成为判断、衡量一切是非、善恶、美丑的"总尺子"。在哲学上这被称作"大肯定"。而这一"大肯定"正是"智"的最大能力。所以这种"智能""智力"当然不是指理性之知的能力了，而是人之为人所独具的那种精神、心理、德性等呈现和发挥的能力。正是它才构成了人之为人的根据，也正是有它才使得仁、义、礼、信四德充分且正当地展开。

（三）五常中的"智"就是几希、良心、明德、至善

儒家哲学一个很大的特点就是，他非常重视对人性之源的探讨。《中庸》开篇就说："天命之谓性。"认为人性之源是外在的天地自然。所以，儒家的理论的用功处即集中表现在如何使这一天（自然）赋予人的光明之德性呈现出来。这就是《大学》为什么开篇就说："大学之道，在明明德"的原因之所在。所谓"明明德"，就是光明、呈明人之为人的光明德性。

"智"是表征人之为人的根性的一个范畴，它相当于《大学》中的"止于至善"的"至善"范畴。它与"至善"一起，充当着人的根本属性的"角色"。它们是指人天生的一种无善无恶的自然状态，是超越时空的性德。所以说这一性德的"智"又被称为"良知良能"，

其合称为"良心"。惟其如此，它们亦才有资格充当了判断一切时空内所产生的是非、善恶、美丑、好坏、对错。正是在这个意义上，才有了孟子的那句话："是非之心，智之端也。""智""至善""良心"具有着判断和裁决一切时空、一切社会、一切事情之"是非"的最终权力和能力。

在明确了"智"的性质及其功能的基础之上，我们就可能清楚地来对它进行定性了。"善"是其他四常（"仁义礼信"）的基础性和本根性的存在。换句话说，只有有了"良心"，才能具体呈现为其他诸德。良心具体表现形式就是仁义礼信也。我们这里需要厘清这样几个问题。第一，"仁义礼智信"都是"先天"的存在。当然在孟子那里只说了前四个。他说："仁义礼智之心，非由外铄我也。"但这里起统摄作用的应是"智"。第二，尽管"仁礼信"都是本乎或说法乎"天"的，例如"天地之大德曰生"（《周易》语），生道即仁道；"诚者，天之道也"（《孟子·离娄上》《中庸》语），"礼本乎天"（《荀子·礼论》语），义与智二常，没有找到直接与"天道"相联的原话，但并不表明"智"不是最基础的存在的这一定性。第三，谓"仁"是全体，谓"信"是实，但这并不能改变"智"的最后根源的性质。当然你可以说，没有仁爱的义不是真义，没有仁爱的礼不是真礼，没有仁爱的信不是真信。同样你也可以说，不诚信的仁不是真爱，不诚信的义不是真义，不诚信的礼不是真敬，但所有这些只是表明"仁之全体"与"信者，实也"的意义，但如果说哪一个能起到最终判断"真假"的，即"是非"的作用的话，那当推"智"矣。所以朱熹既说："智则仁之分别也"，"智则是个分别是非底道理"。所以我在这里特别提醒和强调的是，不能仅仅将"智"视为对"仁"与"非仁"的分别和判断，而且要将"智"视为是对其他几德的分别和判断。具体说来，是对"义"与"非义"，"礼"与"非礼"，"信"与"非信"的总分别和判断。由此可以得出结论："智"是总根源，是总方向。它保证着"仁义礼信"四德能按"正确方向"呈现和彰显。通俗地说，有了"智"，其他诸

五 论智

德就不会偏离方向了!

综上所述,"智"在五常中的地位和性质是极其特殊的,它既扮演了人性总根源的角色,又承担了总裁判的角色。由它判定的仁、义、礼、信,才能够被称着真仁、真义、真礼、真信。反之,经它判定后可以分清那些虚假的仁、义、礼、信,即假仁假义,虚礼虚信,而这些又可统称为"伪善"。也就是说,我们常说的某人伪善,实际上是指此人在仁、义、礼、信等德行上都是虚假的。而之所以能够发现它是伪善,正是"智"在发挥着直接作用呢!

(四)"智"与"善"不具备特定的道德属性

从上面的分析中我们可以发现这样一种情况,在儒家思想体系中,"智"与"善"这两个概念都不能单独成为道德的德目。也就是说,它们本身并不具备特定的道德属性。它们的功能和作用乃是在具显道德和判断是否道德上。具体地说,什么叫"智"的行为,那就是符合仁、义、礼、信诸德的行为。同理,什么叫"善"的行为,那就是符合仁、义、礼、信诸德的行为。反之,不智不善的行为,那就是不符合仁、义、礼、信诸德的行为。总之,符合"智""至善"所规定和判定的"是善美",那才能被确定为"是善美";符合"智""至善"所规定和判定的"非恶丑",那才能被确定为"非恶丑"。具体地说,只有当你做到了仁之爱人、义之利人、礼之敬人、信之诚人的时候,那就称为"是善美";而你如果恨人、害人、慢人、骗人的话,那就称为"非恶丑"。

"智"就是良能良知,这表明"智"是其他"仁义礼信"四德的基础性存在!有了这一基础性的存在,才能保证在生活的实践中去真正落实和实行"仁义礼信"。这也就是孟子所说的"是非之心,智也"真正的意义之所在。也就是说,此"智"是用来判断是非善恶的根据。孟子是在向人们说明一个道理,一个人是否行"仁义礼信",是要靠一种更根本的存在加以判断和区分才可以完成和实现的。"仁义礼信"

四德本身不具备这种能力，或者说，它们不是属于能力的范畴。而只有"智"具备了明辨是非、区分善恶、保障依仁行义遵礼守信这些道德的能力。由此可见，虽然"智"不能单独成为一种道德行为，但是它却承担了其他四德实行的基础性重任。所以孟子才给"智"作出如下的定性和定位。孟子说："仁之实，事亲是也。义之实，从兄是也。智之实，智斯二者弗去是也"（《孟子·离娄下》）。意思是说，智的本质正是在于能保证'仁义'二德的不离不去，也就是真正实行"仁义"二德。南宋大哲学家朱熹也说："智则仁之分别也"，"智则是个分别是非底道理"。所以我在这里特别提醒和强调的是，不能仅仅将"智"视为对"仁"与"非仁"的分别和判断，而且要将"智"视为对其他几德，甚而是所有道德的分别和判断。具体说来，是对"义"与"非义"，"礼"与"非礼"，"信"与"非信"，"孝"与"非孝"，"悌"与"非悌"，"忠"与"非忠"，"廉"与"非廉"，"耻"与"非耻"的总分别和判断。由此可以得出结论："智"是总根源，是总方向。它保证着"仁义礼信孝悌忠廉耻"九德能按"正确方向"呈现和彰显。通俗地说，有了"智"，其他诸德就不会偏离方向了！关于这一点，我们还可以从古代和现代学者对五常的定位中得到有力的证明。汉儒有以五方来合配五常的理论。具体说来，他们是以"东、南、西、北"四方来分别合配"仁义礼信"四德，以"智"居中央。由此可见，他们是在强调，"智"是中心，"智"是使"仁义礼信"四德成为人之道德的基础和能力。现代著名学者熊十力也曾明确指出："智与知识有分，此一主张在中国古学中确是中心问题所在之处，每一宗派的哲学，其各方面的思想与理论都要通过这个中心问题而出发，仍须还到这个中心来。"从上述两则材料中，我们可以清楚地看到，"智"在五常中，甚至在整个中国传统文化中的独特意义。

六 论信

作为五常最后一常的"信",无论在中华传统文化中,还是在现实社会中,无论是就个人,还是就社会,抑或就国家和天下,可能没有比诚信更受到重视的道德德目了。每一位中国人都会说,诚信是中华传统美德,是一种高尚的思想品行。做人要诚实,不要说谎,可能是每一个孩童最早受到的品行教育。人无信不立,业无信不兴,国无信不宁,可能是许多人懂得的道德信条。"言必信,行必果",可能是许多中国人最知晓的古训之一。而"一诺千金""一言为定""一言既出,驷马难追",可能是许多中国人最熟悉和最常用的成语。正因为如此,"信"成为传统与现代都十分推崇的价值观。"仁义礼智信"五常有它,"恭宽信敏惠"五德有它,"孝悌忠信礼义廉耻"旧八德有它,"忠孝仁爱信义和平"新八德有它,习近平同志对中华传统文化概括的"讲仁爱,重民本,守诚信,崇正义,尚和谐,求大同"六句话中有它,"富强、民主、文明、和谐,自由、平等、公正、法治,爱国、敬业、诚信、友善"之社会主义核心价值观有它。大家一定注意到了,在24个字的社会主义核心价值观中,唯有"诚信"在儒家的五常中能找到直接对应的概念,由此也说明我们"论信"的意义是非常之大的。

(一)释信

《说文解字》说:"信,诚也。从人,从言。"这是说,信就是诚,诚就是信,可见,"信""诚"可以互相解释,所以"诚信"相连而被广泛使用,而人要言而有信,更是人人皆知。《字汇·人部》说:"信,悫实也……不差爽也。""悫(音确),诚实也;不差爽,不差错也,亦诚实也。"又说:"信,不疑也。"孔颖达疏:"信,不欺也。"所以,如果从正面来说,信的本义就是真诚、真实;如果从反面来说,信的本义就是不虚、不妄、不假、不疑、不欺。合而言之,诚信的意思就是诚实与不欺。

(二)《论语》论信

正是在人言而由衷、诚实不欺的本义上,"信"作为一个道德行为受到儒家的至圣孔子和亚圣孟子的高度重视。孔子将"信"作为他教育学生的四个方面内容之一。《论语·述而》记载:"子以四教:文、行、忠、信。"正因为如此,当我们翻开《论语》首篇,就可以看到大量论述"信"的内容。《论语·学而第四》:"曾子曰:吾日三省吾身:为人谋而不忠乎?与朋友交而不信乎?传不习乎?";《学而第五》:"子曰:道千乘之国,敬事而信,节用而爱人,使民以时";《学而第六》:"子曰:弟子入则孝,出则弟,谨而信,泛爱众,而亲仁。行有余力,则以学文";《学而第七》:"子夏曰……与朋友交,言而有信";《学而第八》:"子曰……主忠信,毋友不如己者,过则勿惮改";《学而第十三》:"有子曰:信近于义,言可复也"。在一

曾子杀猪

童叟无欺

篇中竟如此集中地谈论"信",足以证明孔子及其弟子对"信"是极其看重的。所以当弟子向孔子问为政之道时,孔子是将"信"作为最重要的不可或缺的一点加以肯定。《论语·颜渊第十二》:子贡问政。子曰:"足食,足兵,民信之矣。"子贡曰:"必不得已而去,于斯三者何先?"曰:"去兵。"子贡曰:"必不得已而去,于斯二者何先?"曰:"去食。自古皆有死,民无信不立。"也就是说,在孔子看来,治理政事要做到三点:粮食充足,军备充足和取信于民。子贡问,如果迫不得已在食、兵和信三者之中一定要去掉一项,先去掉哪一项?孔子意见是去掉军备。子贡又问,如果迫不得已在食和信两者之中一定要去掉一项,先去掉哪一项?孔子意见是去掉粮食。其结论是,如果国家政府不能取信于民的话,那么国家是站立不起来的。对于国是如此,对于一个人亦如此。"子曰:人而无信,不知其可也。"(《论语·为政第二十二》)这是说,做为一个人,却不讲诚信,不知那怎么可以。通俗地说,做为一个人不可以没有诚信。

(三)《孟子》论信

尽管在孟子的思想中,并未将"信"纳入论证人之为人的诸种"心"

中,具体说来,在孟子那里,只提到由恻隐之心、羞恶之心、恭敬之心、是非之心而产生的仁、义、礼、智四德,而没有论及"信"德,但是,这并不表明孟子不重视"信"德。实际的情况恰恰相反,孟子非常重视"信"德的建构。一个最重要的论据就是,孟子是站在一个更高的境界来看待"信"的。换句话说,孟子是站在"天"的高度来谈论"信"的。孟子说:"有天爵者,有人爵者。仁义忠信,乐善不倦,此天爵也;公卿大夫,此人爵也。"(《孟子·告子上》)孟子是想告诉人们,仁义忠信,不疲倦地好善,这是自然爵位;公卿大夫,这是社会爵位。也就是说,先天的仁义忠信诸德以及后天人们对诸善德的追求构成了人的自然本性。一个人只有具备了这一天性,才会有社会的成就。孟子最担忧的是人将天爵与人爵脱离开来。通俗地说,如果一个人当了官,就把仁义忠信以及乐于为善的人之本性给丢掉了,那还谈什么为官为士呢?由此可见,孟子是将"信"与仁、义、忠并称"四德"而加以热忱追求的。孟子言"信"有两个特点,一是以"诚"释"信",二是视诚信为天的本质。如此,孟子就将"诚信"的问题上升到哲学的本体论层面了。也就是说,孟子将人言为信、以言语取信于人的"信",即"从人,从言"之"信"德上升到"天人合德""止于至善"的高度。孟子说:"诚身有道,不明乎善,不诚其身矣。是故诚者,天之道也;思诚者,人之道也。至诚而不动者,未之有也。不诚,未有能动者也"(《孟子·离娄上》)这里,孟子是将"诚信"问题提升到天道的高度加以认识,明确指出"诚"乃是天的本质属性。另外,他还将诚信与明善紧密联系在一起,从而来加深诚信的本体意义、情感意义和实践意义。通俗地说,孟子直接将心诚身诚与人之性善、人之真实情感以及行善联系在一起。如此一来,就大大增添了诚信在孟子思想中的地位。也正是如此,使我们只有进入到一个更高的境界去认识"信"的问题才会揭示出其更深层的意义和价值。也就是说,诚信问题不能仅仅从人言为信的层次上来把握,更不能将守信问题只是与纯粹的利益而挂钩,而应充分呈现它的绝对性和神圣性的一面。因为在孟子看来,诚信是一种向善之心、向善之力、向善之情。

正是因为先秦儒家的两大代表人物都是如此重视"信",所以以传承和发展儒家为使命的汉代儒学,终将"信"与"仁义礼智"融为一体并统称其为"五常",至此以后,"仁义礼智信"就成为整个儒家思想的核心价值观而且影响了中国传统社会几千年。

(四)信仰层面的"信"

作为"四书"之一的《中庸》非常重视对"诚"德的高扬。《中庸》亦主张"诚者,天之道也",并进而认为,"唯天下至诚……则可以赞天地之化育。可赞天地之化育,则可以与天地参矣"。意思是说,唯有天下极端真诚本性呈现和发挥出来,才可以帮助天地培育万物。能帮助天地培育万物,就可以与天地并列合一了。对诚信的坚守与践行,那是兑现对神圣天道的承诺。也就是说,讲诚信、行诚信这是在完成天地赋予人的神圣使命呢!北宋著名思想家张载的"为天地立心"名言,即是要求士者为天地确立和完成"她"交给人类的至诚天命。可见,在儒家那里,诚信的问题不仅仅是关于人的品格和德行的信实之意了,而是关乎"与天地合其德"的人的自身存在意义的信仰问题了。换言之,守信与否已经不是简单地与利益相关的问题。例如,人们喜欢这样说,如果你不诚信的话将会给你的事业带来什么样的损失,造成什么样的危害,以此规劝人们要讲诚信。而信仰意义上的诚信则是超越了这些功利的考量,它只是视坚守诚信是"为天地立心""替天行道""与天地合其德"以及实现人生的价值和意义。

(五)"信"在五常中的作用

"信即诚也,诚即信也",其本旨即在"真实不虚"。正是取得了此义,所以"诚信"才被视为五常之本、百行之源。北宋思想家周敦颐说:"诚,五常之本,百行之源……五常百行,非诚非也。"(《通书·诚》)简单地说,"仁义礼智信"五常要显其性,那前提只能是一个"真"字。即保障真仁、真义、真礼、真智、真信。也正是基于这一点,朱熹才会说:"如仁、义、礼、智,皆真实而无妄者也。故'信'字更不须说。"可见,"信"在五常中是处于基础地位的。换句话说,如没有以真实为本质属性的"信"的存在,那么,仁义就有可能变成虚仁假义,礼智就有可能变成虚礼妄智。更直接地说,如果没有诚信的存在,其他诸常诸行都会变质变味的,从而就失去了其应有的意义和价值。

(六)大信与小信

论"信"一定要说清楚"大信"与"小信"的关系问题。所谓的"大信"是指符合"道义"的信。"小信"则相反。这个问题实际上是关乎诚信的所应遵循的最高原则问题。我们还是先从儒家两位圣人那里去寻找答案。孔子说:"君子贞而不谅。"《论语·卫灵公》言行抱一谓之贞,亦可称之为"大信",固执而不知道变通谓之谅,亦可称之为"小信"。这句话的意思是,君子讲大信,却不讲小信。孔子强调,作为一个君子只要是坚守正道的,就不必讲什么小信。基于同样的道理,孔子又说:"言必信,行必果,硁硁然小人哉"(《论语·子路》),硁(坑 keng)硁,粗浅固执。这句话翻译成现代汉语就是说,言语一定信实,行为一定坚决,这是不问是非黑白而只管自己贯彻言行的浅薄固执的小人的行径呀!可见,孔子是将"言必信,行必果"的行为视为是小人之举而加以否定的。为何如此呢?"要害是其中的两个'必'字,也就是说,这种人以言行自专,一点商量和变通的余地都没有。孔子主张读书人先要明理,思想意识不要偏执、固化,要懂得通权达变的道理。"(参见蒋沉昌《论语今读》中央广播电视大学出版社2009年版)亚圣孟子更是直接指出:"大人者,言不必信,行不必果,惟义所在。"(《孟子·离娄上》)。孔子与孟子在论述诚信时非常值得注意和玩味的是他们都共同强调了诚信的前提与条件。在他们看来，讲诚信的前提条件，或说最高原则乃是"道""义"。他们是想告诉人们，如果诺言违背了道义原则或者遵循诺言将导致不道德和有害的后果时，这样的守信是不具有社会的积极意义和正面价值的，从而是不应该提倡的。

符合道义的信是大信，不符合道义的信是小信。我们在现实社会中就是要让人们在道义的统摄下讲诚信、守大信，如此才能培养出更多的君子，如此才能远离危害，才能道义大行。在这里不妨举两个例子来加以说明。可能许多人都知道网传甚广的《英国儿童十大宣言》，其中第九条是"不保守坏人的秘密"，具体说道："面对侵害不遵守诺言的权利。告诉儿童，即便他曾发誓不告诉别人，但遇到坏人欺负一定要告诉家长，这些秘密千万不要埋藏在心里。"第十条是"坏人可以骗"，具体说道："对坏人可以不讲真话的权利。遇到坏人，可以不讲真话，机智应对，才是好孩子。"可见，这是教育儿童，是否守信，是否说谎，要看具体情况，遵循的原则正是"惟义所在"。

2015年3月6日的《报刊文摘》刊登一篇题为《小学班主任的反思：我是怎样劝小学生作假的》文章，文章说了这样一件事，说是一位班主任让小学生们填写一份调查表，其中让学生填写的选项与事实有些出入，但为了学校的荣誉，这位老师说服孩子们都选择了"很好""很多"的一栏。这时有位学生向老师提出了问题："老师，这个问卷不是要我们如实填写吗？如果我们选'很好''很多'，不是要我们撒谎和作弊吗？"你看，问题就这样来了。孩子在想，一向要求诚实的老师，一旦面对真正的问题，就要求学生一起弄虚作假。如何消除孩子们的困惑，更重要的是树立他们正确的人生观和价值观，这显得很重要。文章中老师这样说道："'我们维护自己家里的妈妈，不把自己妈妈不好的那一面告诉别人；同样，我们也要维护好区教育这位妈妈，不要在外人面前揭露她的短处、暴露她的不足。这样做不是要大家联合起来撒谎，也不是造假，这是因为爱……'孩子们认真地听着，也认真地思考着，渐渐地，他们脸上的疑惑消失了。"这则故事想告诉我们的就是，在讲诚信和不撒谎的时候，实际上始终有个更高的原则在支配着，那就是"道义"，那就是"大信"，上述故事中所说的那就是"爱"。

实际上在这些故事中所涉及到的"大信"与"小信"，"大义"与"小义"的关系问题，而如何认识和处理好这些关系问题，那是应该对中华传统文化也十分重视的"经"与"权"的问题进行讨论。《公羊传》云："权者反于经，然后有善者也。"这是说明权者与变通表现似乎与经的原则不一致，甚至违反了经的要求，实质上却是真正遵守了道德原则，完成了经的使命，达到了人性善的目的。"义"的最大理论价值就是妥善应对了经与权的矛盾在社会伦理道德领域实现了普遍性与特殊性，绝对性与相对性的统一。一般而言，"经"是指伦理道德的主体品格，强调道德原则的普遍性和绝对性；权是道德价值的具体运用，可以灵活掌握，变通对待。权的变通并不能离开经的原则，而是更好地实践经的原则。"经"即恒常之道，以"不变"为其特征；"权"即变化之道，以"变"为其特征。所谓"变"表现的形式以及体现出的"理念"一定与"经"是不一样的。但要学会从"不一样"中提升开去看到"权"与"经"在根本精神上的一致性。这才叫"经权"的对立统一性。

孔子和孟子在对待"诚信"时为什么那么反对不知变通的"硁硁"和"不谅"的言行。孟子更直接指出，"言不必信，行不必果，惟义所在"。在这里实际上还是在强调"义"的应当性和适当性。我们从"义"的这"两当性"，其实也能品味出"经"与"权"的统一性的意义。具体说来，"应当性"讲的就是"经"的问题；"适当性"讲的就是"权"的问题。儒家也正是利用"义"德的这一经权的对立统一性功能来规定和丰富其他诸德灵活地得到贯彻执行呢！仁爱要适当，否则就会变为无原则和不恰当的溺爱；礼敬要适当，否则就会变为无原则和不恰当的虚伪；诚信要适当，否则就会变为无原则和不恰当的小信。

尽管我们在坚守道义与变通达权的意义上阐述了"守信"的特殊性，但是，对于"信"义所蕴含的具有普遍性的最基本和最核心的那些本质属性，即所有具有道德意味与信仰意义的诚信，于民，于国，于天下，都是不可或缺和必须要奉行的价值理念。

（七）信与社会主义核心价值观

大家知道，社会主义核心价值观中唯有"诚信"一目与中华传统美德的"信"德完全对应，而其他诸德都没这么明显，而是需要通过某些转化性的研究才能对接起中华传统美德与社会主义核心价值观之间的内有关联性。正因为如此，我们这里很有必要再对"信"德做些讨论。实际上我们在上面已经指出过，从理论上说，中华传统的"信"德，谈的是"天德"，"天人合德"以及现实规范之德。这是它的特点，只有全面了解了这三个方面或说层次的"信"，才能准确理解和把握"信"的精神实质。"信"也即"诚"，这是天地自然的本质性规定，也即客观规律性，中国哲学称之为"天之道"。换句话说，天的规律是诚信的。正因为如此，中国传统文化中的诚信思想，尤其是思孟的诚信论就具有了上述特色。"诚者，天之道也"，它集中体现出中国传统文化中的诚信思想是站在天道的高度来加以论述的。其中的绝对性和神圣性是不言而喻的。这一观念和思维方法又被宋代的周敦颐发展到新的高度。他将"诚"视为五行之源。张载又从天人合一的高度去解释了《中庸》的思想，其主旨仍然是强调"诚信"的作用，即从"诚明"与"明诚"的角度去建立"天人合一"的这一概念。这里需要引起注意的是，"天人合一"的这一概念是张载第一次明确提出的，而这一表征中华传统文化的思维方式则又是通过"诚明"与"明诚"中得出的。

而人奉行这一诚信之道去待人做事，具体做到言行一致、表里如一，这是天道之本然。人超越于动物就在于能够基于"天道之本然"

而建构"人道之当然"的意义世界。诚信是意义世界的价值原则，本身是目的，具有义理性。在中国传统哲学中将这一思想称为"天人合德""人道法天"。由此可见，中华传统美德中所宣扬的"诚信"始终具有它的本体意义和价值意义。换句话说，它更多的不是诉诸现实功利及后果论意义上的利益得失。

在进行社会主义核心价值观的"诚信"一德的宣传中，应该注意到从信仰的高度去认知它，而不能从现实的功利和后果的利益上去宣扬这种价值观。当然，除此之外，也注意到诚信的现代性的强调，即法制的加入。使传统与现代在"诚信"上得到很好的融通。实际上这关系到"制度建设"与"心性建设"和"天道悬设"的关系问题。"天道"也关系到信仰与敬畏的问题。通俗地说，就是"文化"与"制度"二者要很好融通互促。现实功利的"诚信"更多地需要"制度"的保证。让那些不诚信的人和事受到法律应有的惩罚。在提倡天道、本体、意义层次的诚信时，更要注重对人的心性之天良的开启。也要发扬中国传统文化中的"天人合德"的思维方式，按照孟子的"尽其心，知其性而知天"的逻辑进程去宣扬"诚信"观。从社会主义核心价值观中找出与中国传统文化中的德目，并能引出信仰和敬畏因素的，"诚信"倒是一个。亦可以将"诚信"一德从人与动物的区别性来谈论。也就是说，从人性的高度去深入阐述"诚信"观的价值之所在。因为道理也很简单，只有人可以认识"天道"。用张载的话说，也只有人才能"为天地立心"。"思诚者，人之道也"，此之谓。所以，应该很好地挖掘，很好地贯通，很好地运用。这也是"论信"的最大意义之所在。

七 论五常

明心性、崇道德、倡伦理、重人生的儒家文化,在中国几千年的历史发展中,一以贯之地"留意于""仁义礼智信"。儒家将此视为"天经地义"的德行,以及社会和人生所必须遵循的最高原则和规范,故称其为"五常"。"仁义礼智信"这五常是儒家文化乃至中华文化的核心价值观。

(一)五常之说形成的历史过程

五常中的前四德,即仁义礼智,首先在孟子那里被连用。孟子说:"恻隐之心,仁之端也;羞恶之心,义之端也;辞让之心,礼之端也;是非之心,

《孟子》

智之端也"(《孟子·离娄上》),"恻隐之心,仁也;羞恶之心,义也;恭敬之心,礼也;是非之心,智也。仁义礼智,非由外铄我也,我固有之也。"(《孟子·告子上》)就是说,同情心是仁的开端,羞耻心是义的开端,谦让心是礼的开端,是非心是智的开端。这正是孟子著名的"四端说"。在孟子看来,人有同情心,所以能产生仁德;人有羞耻心,所以能产生义德;人有恭敬心,所以能产生礼德;人有是非心,所以能产生智德。这些德性都是人之为人的天性,不是由外人给予我的。虽然孟子没有将"信"与仁义礼智合在一起论述,但这并不能表明孟子不重视"信"。在《孟子》中共出现"信"近30次,更为重要的是,孟子是把与"信"意义相同的"诚"字上升到"天道"的高度加以确证的。"诚者,天之道也",此之谓也。另外,他还将"信"与"仁义忠"诸德一起看成是天的爵位。孟子说:"仁义忠信,乐善不倦,此天爵也。"(《孟子·告子上》)所谓"天爵"就是天的爵位,代表最高地位、最高原则、最高本质。由此可见,孟子这里是将"信"与"仁义忠"的地位提升到了最高位置。这就为以后将"仁

论语封 《论语集注》
〔宋〕朱熹注 明嘉靖二十七年
(1548)尹藩刻四书集注本

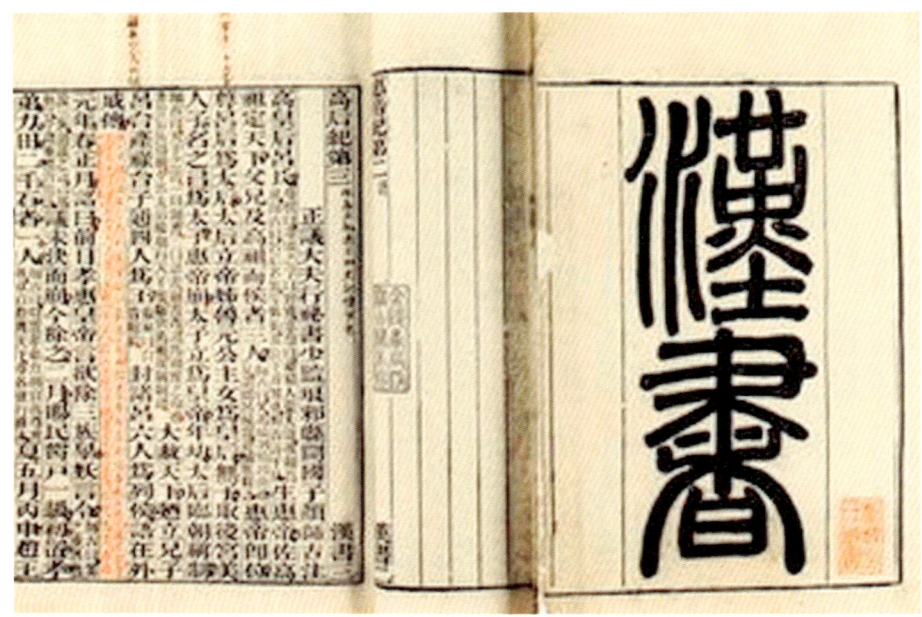

《汉书》

义礼智信"的定位提供了原则和标准。

在儒家创始人孔子那里,虽然看不到将五常与四德连在一起使用的情况,但是这并不表明孔子对这些德性德行不重视。在一部《论语》中,我们可以随处看到孔子说仁、说义、说礼、说智、说信。据统计,

杨雄《法言》

七 论五常

在《论语》中"仁"出现过109次,"义"出现过24次,"礼"74次,"智"("知")出现过25次,"信"出现过38次。将"仁"作为儒家思想体系的核心范畴是孔子,将仁规定为爱人的是孔子;将仁礼结合并形成内容与形式关系的是孔子,并认为"不知礼,无以立也"(《论语·尧曰》)的是孔子;将"义以为上""义以为质"确立为君子标准的是孔子,并主张"不义而富且贵者,于我如浮云"(《论语·述而》)的是孔子;将"信"与"文、德、忠"合称"四教"的是孔子,并竭

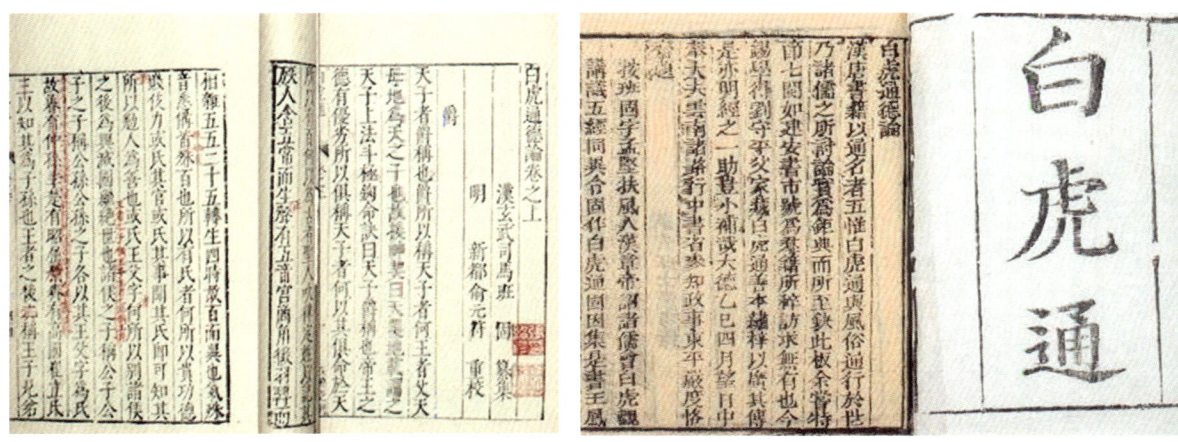

《白虎通》

力"主忠信",强调"民无信不立"(《论语·颜渊》),"人而无信,不知其可也"(《论语·为政》)的是孔子。

把"仁义礼智信"五德放在一起并统称其为"五常"的最早时间是西汉时的大儒董仲舒。《汉书·董仲舒传》说:"夫仁谊礼知信五常之道,王者所当修饬也。"这里董仲舒明确将五个德目联成一个整体,抽象为"五常之道",并将其视为修养心生,整顿社会以及立教化,正万民的恒常之道。西汉另一位思想家杨雄在其《法言·修身》中也以譬喻的方式一并论述了五德之用,但并没有明确"五常"概念的出现。他说:"仁,宅也;义,路也;礼,服也;智,烛也;信,符也。处宅、由路、正服、用烛、执符,君子不动,动斯得矣。"如果说将

我们今天熟知的"仁义礼智信"这五个字明确呈现,且又称其为"五常"的,更为重要的是为官方所正式确定的,那当推东汉时期产生的《白虎通义》。其文说:"五常者何谓?仁、义、礼、智、信也。"至此,为孔孟及儒家所重视的仁、义、礼、智、信五德终于被整体确立为儒家文化的核心价值观并持续影响着中国社会几千年。

(二)五常诸德的实质及其功用

上面也提到了,孟子将"仁义忠信"视为"天爵",将"诚"视为"天道"。他说:"仁义忠信,乐善不倦,此天爵也"(《孟子·告子上》),"夫仁,天之尊爵也"(《孟子·公孙丑上》),"诚者,天之道也"(《孟子·离娄上》)。就是说,仁、义、信是天的尊贵的爵位,诚是天的本质属性。位莫高于天,性莫大于天,所以说,仁、义、信实乃最高原则、最大本质。孟子除了站在天的高度来规定"仁"等德目的地位和属性外,还通过一些比喻来说明有关德目的功用,也以直接的方式来揭示有关德目的实质。孟子说:"仁,人之安宅也;义,人之正路也"(《孟子·离娄上》),"仁,人心也;义,人路也"(《孟子·告子上》),"仁也者,人也。合而言之,道也"(《孟子·尽心下》)。在孟子看来,仁是人安居的住宅,义是人行走的正道。仁是人的本心,义是人的正道。所以说,"居仁由义"乃是人之为人的本质所在。这是孟子对仁义二德功用的概括。至于仁、义、礼、智四德的实质所在,孟子也从多方面、多层次加以揭示。在孟子看来,人所固有的恻隐之心、羞恶之心、辞让之心、是非之心是产生仁、义、礼、智四德的根本性的"种子"。按照孟子的理解,恻隐之心的"仁"所反映出的实质就是"爱",羞恶之心的"义"所反映出的实质就是"正",辞让之心的"礼"所反映的实质就是"敬",是非之心的"智"所反映的实质就是"善"。孟子还就仁与礼以及仁、义、礼、智的实质进行了具体明确的论述。他说:"仁者爱人,有礼者敬人"(《孟子·离娄下》),

"亲亲，仁也；敬长，义也"（《孟子·尽心上》），"仁之实，事亲是也；义之实，从兄是也；智之实，知斯二者弗去是也；礼之实，节文斯二者是也"（《孟子·离娄上》）。这里孟子将"仁"与"礼"的本质属性分别规定为"爱人"与"敬人"，特别是"仁者爱人"的思想，可以看做是对孔子思想的直接继承。而将侍奉父母视为是"仁"的实质，将顺从兄长视为是"义"的实质，另外将"智"作为不背离"事亲从兄"的"仁义"二德之性的保障者，将"礼"作为不失"事亲从兄"的"仁义"二德的之节的维护者。由此可见，孟子在这里对"仁义"二德实质性的规定是具体落实到"孝悌"之上的。通俗地说，仁就是孝，义就是悌。所以说，这显然是孟子对"仁义"的特殊意义的揭示，并不能代表"仁义"本质属性的全部，同理，"礼智"的功用亦绝对不能仅仅局限在对这一特殊意义的"仁义"的保障和维护之上。也就是说，对于孟子仁、义、礼、智的实质性揭示，当是要根据恻隐（怵惕、不忍、同情）之心、羞耻之心、辞让（恭敬）之心、是非之心而自然生出的诸种德行来进行。换句话说，在更普遍的意义上呈现"仁义礼智"四德的意义与价值，当是包括孟子在内的所有儒家思想的终的。

论五常最重要的是要在普遍意义上揭示"仁义礼智信"这五种道德所要表征和体现的究竟是什么样的核心价值观和做人做事的根本精神。具体说来，论"仁义礼智信"五常就是要将其各自所反映的性质及其表征的精神是什么呈现出来。

（三）孟子对"仁义礼智"四德的定性

孟子最先给仁义礼智之性做了基础性的论述，这就是他的著名的"四德"配"四善端"之说。孟子说："恻隐之心，仁之端也；羞恶之心，义之端也；辞让之心，礼之端也；是非之心，智之端也；"（《孟子·公孙丑上》）。也就是说，恻隐之心表示的是爱心，羞恶之心表示的是正心，辞让之心表示的是敬心，是非之心表示的是善心。后孟子又对

"仁"与"礼"二德之性做了更加明确的定性。孟子说:"仁者爱人,有礼者敬人"(《孟子·离娄下》)。这里孟子就将"仁"定性为"爱人",将"礼"定性为"敬人"。

如果要对孟子的上述思想有更深入的理解,在这里我们还需要进一步对孟子的心性论进行论述。孟子之所得出"四心"而生"四德"论,其理论和心理的基础乃是建立在他的"人同此心,心同此理"的思想之上的。孟子的这一思想简单地概括就是"同心同理"。首先要明白"同心"是指什么?同心当然就是指人共同所具有的"良心",此心作为人之为人的"几希"性存在。它分别具体通过"四心"而体现出来,即恻隐之心、羞恶之心、辞让之心、是非之心,它们分别是"仁义礼智"四德的开端。而"同理"当指这"四德"者也。而在这"四"理中也属"仁"之理最为根本,具体表现出"仁慈""仁爱""仁厚"。如果将此四理的道理和精神都抽象出来的话,就是:对别人仁爱(慈、厚)些,对别人义正(公、平)些,对别人礼敬(让、谦、卑)些,对别人智善些(良善、友善、和善)。

心理学家指出,同理心(通俗地说,就是对别人友善、仁慈些)是情商的重要指标。"同心同理"皆要落在一个共同的情感之上,即"痛"上。也就是说,当以你自己为主体考量一下,什么样的"言行"会造成或说给你带来"伤痛",而如果你做了判断哪些言行会"伤害""伤痛"到你,那么,你一定要知道所有其他人都与你自己是一样的,即不愿意受到"伤痛"。接下来就要找出"伤痛"己和人的"言行"了。第一就应该是"仇恨"会造成"痛",因此你就要对人"仁爱"些;第二就应该是"不公正"会造成"痛",因此你就要对人"义正"些;第三就应该是"傲慢轻视"会造成"痛",因此你就要对人"礼敬"些;第四就应该是"冷漠"会造成"痛",因此你就要对人"良善"些(友善些、热情些、温暖些);第五就应该是"欺骗"会造成"痛",因此你就要对人"诚信"些(诚实些、真诚些)。

实际上平时人们说的"同情心"应将此概念分开来解释,或说将它拆成两个概念，一个是"同情"，一个是"同心"。合而言之又可被称为"同情的心"。也就是说，这个"心"是从人的"情感"处立论的。通俗地说，人都有同样的"感觉""感受"。感同身受，此之谓也。

儒家文化的最大的发心和用心，只有让自己的情、心柔软些，才能感受到"痛"，才能表现出"恐惧"，才能表现出"不忍"和"看不下""下不了手"。

"看不下去""下不了手""不忍"的"事"你就绝对不要去"做""行"，这就是"义"。简单地说，第一，做人该做的事，第二，不做人不该做的事，第三，且做得恰当，第四，如果你没做到前三条，你应感到羞恶。有此四义旨即为"义"者也。具体说来，我们还应该从正反两方面去进入"义"的"看不下去"。从正面说，你看到人受伤害，痛心不已，看不下去了，那么应当去援手帮助别人，这就叫着"当其所为"的"看不下去"；从反面说，你看到别人作恶多端，"看不下去"了，那么当立去制止别人那样做，这也是另一层次意义上的"当其所为"。还有一种"不当其所为"。连自己都觉得自己的"行为""看不下去"了，那么这时你应该"收手"不要去干了。自己应做的，但没去做；自己不应做的，便却去做了。通俗地说，该做的没做，不该做的做了，该做的不做，不该做的做了，那么，你对自己的这种行为就应感到"羞愧""羞耻"。对别人的上述"行为"就应感到"厌恶""憎恶"。

从孟子的"四端"说来看，只有"恻隐"和"羞恶"才能直接看出某种"情感"特征，而"辞让""是非"则不具有这一属性。"义"一定是有其自身的主体意义，例如，"公正""公平""节操"；另有更特殊需要，更主体性的，例如"敬兄，义也"。但"义"更多是承担着它践行实行者德的"任务"。在"四端"中或在"五常"说，"义"肩负着能否行"仁礼智信"的任务。具体说来，是否仁、礼、智、信呢？是非适宜恰当呢？以此落实"应当"与"适当"两项任务。"义，人路也",当指"行";"义者,人之正路也",当指"正行"。而"正行"就是行诸德者也,"不行"应感到"羞恶";行得不正,应感到"羞恶",此乃"义"的主要道理和精神。应该引起大家注意的是,"义"德有一个非常重要的特点,那就是"义"之一的属性的"行"之旨,是一个表示"实践性"而非"主体性"的德目。也就是说,"义"在这个层次内并不表示任何一个具体的道德的"道理""意思""精神",而是指践行、履行、实行、执行所有道德的"行为"。换个角度来看,"义"在"五常"中是唯一一个是对"自己"提出要求的道德德目,即重点落实到"自己的行动"之上,要求自己行一切道德,而其他诸德则是重点落实到对"他人"的方式之上。例如,仁是爱人,礼是敬人,信是诚人,智是生德和判德的本根性存在。当然在特殊意义上的"义",又是落实到别人身上了,例如,"敬长,义也"。实际上,在这个意义上,"义"德与"礼"德之义也是重合的了。

(四)汉儒对"仁义礼智信"五常的定性

成于东汉的《白虎通义·性情》一文说道:"五常者何谓?仁义礼智信也。仁者,不忍也,施生爱人也。义者,宜也,断决得中也。礼者,履也,履道成文也。智者,知也,独见前闻,不惑于事,见微知著也。信者,诚也,专一不移也。故人生而应八卦之体,得五气以为常,仁义礼智信是也。"这里,值得注意的是对"仁者,爱人也;义者,宜也;礼者,履也;智者,知也;信者,诚也"的明确定性。

(五)宋儒对"仁义礼智信"五常的定性

北宋二程(程颢、程颐)在其《二程遗书》中说道:"仁义礼智信五者,性也。仁者,全体;四者,四支。仁,体也;义,宜也;礼,别也;智,知也;信,实也。"这正是二程著名的"五常全体四支"说。在二程看来,"仁"在五常中是全体之性,而其他四者则是"仁"

这一全体之性的分别体现而已。具体说来，"义"是对是否行"仁"的裁断，"礼"是对"仁"的不同对象的分别，"智"是对是否知"仁"的判断，"信"是对是否是诚实的"仁"的检验。南宋朱熹较之二程，对五常各自的性质做了更加明确的规定。他说："五者之中，所谓性者是个真实无妄底道理，如仁义礼智，皆真实而无妄者也。故'信'字更不须说，只仁义礼智四字于中各有分别，不可不辨。盖仁则是个温和慈爱底道理，义则是个断制裁割底道理，礼则是个恭敬撙节底道理，智则是个分别是非底道理。凡此四者具于人心乃是性之本体……仁字是个生底意思，通贯周流于四者之中。仁固仁之本体也，义则仁之断制也，礼则仁之节文也，智则仁之分别也。"（《晦庵集》卷74）意思是说，"仁义礼智"乃人性之本真，即都是实有的存在，真实无妄的存在，而五常中的"信"德正是起到强调和强化"仁义礼智"四德这一性质的作用的。"五常百行非诚，非也"（《朱子语类》卷6），此之谓也。所以，在朱熹看来，实际上要具体谈论五常各自所表征

程颢

程颐

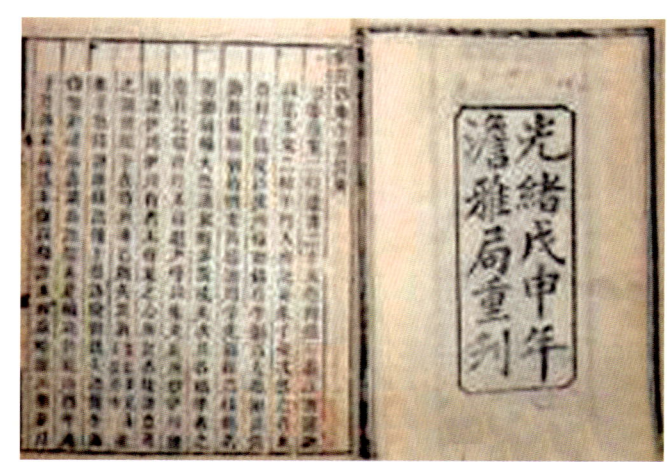

《二程遗书》 清代刻本

的道理是什么的话，只需说"仁义礼智"四德就行了。应该引起注意的是，在朱熹上述的表达中，只是对"仁礼"二德的道理说得比较清楚，即"仁"是个温和慈爱的道理，"礼"是个恭敬节制的道理。而说到"义"，只是说"义"是个用来判断是否是按照"仁"去做的道理，而说到"智"，只是说"智"是用来分别是仁还是非仁的道理。于此，并没有清楚指出"义"和"智"究竟反映的是什么道理。而在另处，朱熹似乎试图弥补这一不足，他说："仁义礼智……其发用焉，则爱、宜、恭、别之情。"（《朱文公文集》卷67）这里就将"爱"概括为"仁"的道理，将"宜"概括为"义"的道理，将"恭"概括为"礼"的道理，将"别"概括为"智"的道理。即便如此，我们当会发现，从包括朱熹在内的古人对"仁义礼智信"之间的逻辑关系及其各自所含的道理的阐释还总是显得不够全面和清晰。

值得注意的是，儒家在说明"仁义礼智"四德的不同功能和作用是常常与春秋夏冬四时以及金、木、水、火、土五行来比喻。而此论属朱熹论之最详。朱子说："'仁'字须兼义礼智看，方看得出。仁者，仁之本体；礼者，仁之节文；义者，仁之断制；知者，仁之分别。犹春夏秋冬虽不同，而同出于春；春则生意之生也，夏则生意之长也，

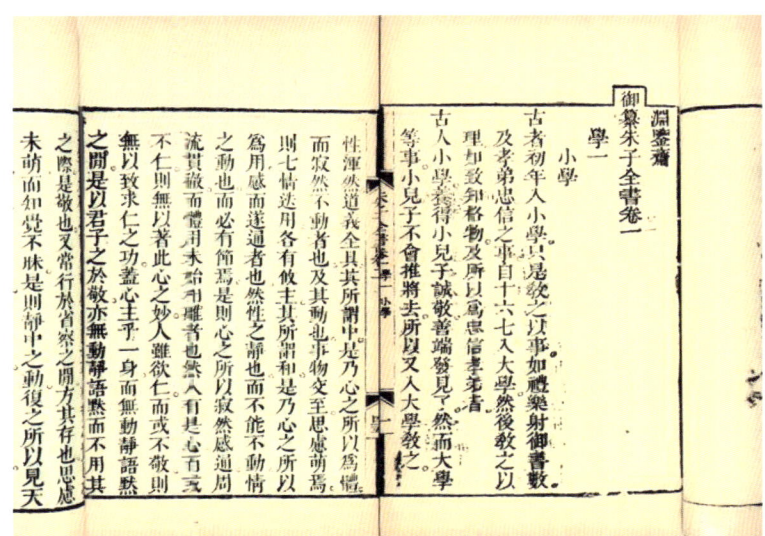

朱熹《晦庵集》

秋则生意之成也，冬则生意之藏也。自四而两，两而一，则统之有宗，会之有元，故曰：五行一阴阳，阴阳一太极。"（《朱子语类》卷6）二程也说："孟子将四端便为四体，仁便是一个木气象，恻隐之心便是一个生物春底气象，羞恶之心便是一个秋底气象，只有一个去就断割底气象，便是是义也。推之四端皆然。"（《二程遗书》卷2）也就是说，仁之本体、节文、断制、分别，它们是仁体的某一方面的作用。其与四季的关系一样，四季总体上都是天地生意的流行，但生意流行的不同阶段显示的特性不同，故有春夏秋冬四季。或曰，生意贯通四

《朱子语类》

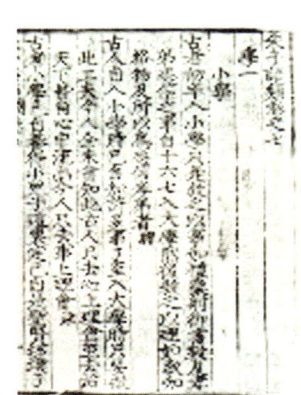

季,仁体贯通四德。生之四时所现各自状态:其一乃春生,其二乃夏长,其三乃秋成,其四乃冬藏。也就是说,夏长秋成冬藏皆是"生"的不同表现形式,只是"生势"("生态")不同。通俗地说,都是"生"(活着)的状态,表明不是"死"(死亡)的状态。再者,四季都是"天气",只是春暖夏热秋凉冬冷不同而已。借用佛教的一首偈来说,此乃"春有百花秋有月,夏有凉风冬有雪,若无闲事挂心头,便是人间好时节"者也。概而言之,中华传统文化坚持认为,自然界的阴阳、四时、五行都是有其德性的,而其德性又通过一个本体表现出来,而其他则是这一体的不同表现形式而已,此乃谓之"理一分殊"。

(六)笔者对"仁义礼智信"五常的内在逻辑关系及其各自意义的论述

由上可以发现,从包括朱熹在内的古人对"仁义礼智信"之间的逻辑关系及其各自所含的道理的阐释还总是显得不够全面和清晰。我认为,对"仁义礼智信"五常的研究,第一要确定,儒家是将"仁义礼智信"视为人之为人的本性的存在。也正是在这个意义上,孟子才说:"无恻隐之心,非人也;无羞恶之心,非人也;无恭敬之心,非人也;无是非之心,非人也。"(《孟子·公孙丑上》)第二要确认,"仁"在五常中是具有全体和统摄作用的,换句话说,其他四德都是分别用来实行、表现、保障、确证"仁"德的。具体说来,"义"是实行"仁"的,"礼"是表现"仁"的,"智"是保障"仁"的,"信"是确证"仁"的。仁者爱也,所以,义就是行爱,礼就是敬爱,智就是保爱,信就是诚爱。可见,"'仁'字须兼义礼智看,方看得出"(《朱子语类》卷6)。第三要确知,"智"与"信"在五常中是具有其独特作用的。"智"是用来判定是真的还是假的"仁义礼信"的最根本和最后的标准。或说"智"是能使"仁义礼信"按其本性呈现的最可靠的保障者。而"信"

亦可看做是对"仁义礼智"四者的真实性的确证,即确证"仁"是真仁、忠义、实礼、诚智。第四要确知,五常中的"仁义礼"各自都有多重的意义和价值。"仁"有其特殊的事亲意义,也有其普遍的慈爱意义;"义"有其不行"仁"而有羞恶感的意义,也有其特殊的从兄的意义,更有其"宜"之应当与适当的意义,在此基础之上而产生的公正与公平的意义;"礼"有其节文与仪则的意义,也有分尊卑等级的意义,更有礼让、礼谦、礼卑的恭敬的意义。在这里似乎有必要对"礼"的意义再做些补充论述。如上述,作为"四支"之一的"礼",那一定要显示作为"全体"之"仁"的意义和道理的。既然慈爱是"仁"的道理,那么,礼亦当具有"爱"的道理,否则,就不能称其为与"全体"不可分离的"支"了。在谈到"仁"与"礼"的异同时,儒家明确指出,其同在于它们都是指句"爱"的,其异在于仁是表示亲爱,礼是表示敬爱。诚如《礼记·乐记》指出的那样:"乐者为同,礼者为异。同则相亲,异则相敬。""礼"的最大的本质属性是用来外化与延伸仁之爱的精神实质的。一句话,也是彰显"爱"的。别异不是为了别的,而是为了"爱"啊!只是这种爱变成了血缘之外的"对象"罢了。对"礼"的敬爱这一道理和精神的确知,我认为是说五常必须要说清楚的问题。如此,我们也会在更积极的意义上去理解为大家非常熟知的"礼之用,和为贵"思想的重要意义和价值。第五要确立,五常各自所要具体反映和表征的道理和精神究竟是什么。我的概括分别是:"仁"是慈爱的道理,"义"是公正的道理,"礼"是恭敬的道理,"智"是至善的道理,"信"是诚实的道理。我又以"仁以爱之,义以正之,礼以敬之,智以善之,信以诚之"而概之。可见,仁之德是要求慈爱待人待物,义之德是要求公正待人待物,礼之德是要求恭敬待人待物,智之德是要求良善待人待物,信之德是要求诚实待人待物。

在我看来,"仁义礼智信"五个德目有独立确切内涵和精神(品行)的实际上就是三个德目:一个是"仁",一个是"礼",一个是"信"。仁以爱之,礼以敬之,信以诚之。在这里我倒不太赞同朱熹的观点,他认为五常中的"信"德可有可无，理由是此德是有保证其他四德真实无妄之义也。其实不然，"信"就是对人的品行的一种认知，对己对人对事皆要诚实不欺。也就是说，"信"是完全可以单独独立成为主体品格或说属性的，或说可以单独成为一个"道理"的。倒是"义"与"智"却不能独立成性。具体言之，"义"的本旨在于"行"上，这一点主要表现在韩愈的那句话上"行而宜之之谓义"，还在于"行"了以后的情感反应上，这一点主要表现在孟子的那句话上"羞恶之心，义之端也"。"行"什么呢？当然地是行所有善德者也。行仁，行礼，行信以及其他。当然说到"行"，又必须从以下几个视角去进入。第一，应该行；第二，不应该行；第三，怎么样行，即行到什么程度；第四，对待上述三者"不能行"或说"没行好""没行对"的反应和态度，此乃所谓"羞恶"之情者也。这一情所体现的道德之义或说道理当是"耻"德者也。也就是说，"义"之第四方面的作用或说属性当与"耻"德之道理和意义完全吻合。你应该行的而没行，你要为此而"耻"；你不应该行的而行了，你要为此而"耻"；你虽然行了你应该行的，但行得不适当、不恰当，是过分过头了，你要为此而"耻"；你虽"当其不为"了，却不适当不恰当，过分了过头了，你要为此而"耻"。当然，上面所有的"耻"感都是为己之"行"而做出的"反省"后的"自责""自罚"等等情感。除此以外，还有对"别人""他人"行的"不宜"的行为的"厌恶"情感。所以，"义"德既是对"自己"的要求，又是对"他人"的要求。行爱过分即叫"溺爱"；行敬过分即叫"虚敬"；你"信"得过分了，太死板了，其本身就有违"义"的第三层含义了，可能正是在此意义上，孟子才说"言不必信，行不必果，惟义所在"。

"智"德是"良知""良心"，因而它是产生一切德目的基础和根据。不但"生德"还"判德"，即"行德"。具体言之，人有了"智"（良知良心）就可产生所有"道德"；人有了"智"（良知良心）就可有行动践行所有"道德"的原动力。由此可见，"智"德恰恰又是承担起"知"与"行"的双重任务！也即靠"智"才能最终实现和完成"知行合一"的双重任务,也可以说,"智"既是"良知",又是"致良知"。前者属"知",后者属"行",合而言之,即"知行合一"。

"仁义礼智信"五常不但是儒家的核心价值观,也是中华传统文化的核心价值观。由它们所彰显和表征的仁爱、义正、礼敬、智善、信实的道理和精神也一定能在涵养和培植社会主义核心价值的过程中起到十分重要的作用。这也是我们"论五常"最大的现实意义之所在。

八 论孝

曾子

孝經一卷
開宗明義章第一
仲尼居曾子侍子曰先王有
至德要道以順天下民用和
睦上下無怨女知之乎曾子

《孝经》

究竟什么德目及其观念能表征中华传统文化的核心价值观，这个问题似乎一直没有明确答案。有的认为是"仁"，有的认为是"仁义礼智信"五常，有的认为是"孝"。当然，这些观点都有其根据和道理。但是，我们是否可以换一个视角来看待和认识中华传统文化的核心价值观的问题。即找到一个只有中国才具有的，而其他国家和民族没有的，或者说不太重视的价值观。一句话，最具中国特色的价值观。如果按照这个标准来选择的话，那不须思考，一定是"孝道"了。因为道理很清楚，由五常而表征的仁爱、公正、恭敬、良善、诚信等伦理精神不唯中国所独有，尽管相比较而言，可能中国传统社会对这些价值观宣传和提倡得更多而已。

孝道是中华传统文化特有的价值观和文化现象。孝道是适应了中国古代发达的宗法家庭血缘的社会基础和结构。自古以来，孝道受到社会各个层面的高度重视。旧八德的"孝悌忠信礼义廉耻"

中有"孝",新八德的"忠孝仁爱信义和平"中有"孝"。而且,大凡有点文化的中国人,对下列一些话不会显得陌生的。孝是"百善之源""教化之始","百善孝为先","夫孝,德之本也,教之所由生也""夫孝,天之经,地之义,民之行也""天地之性,人为贵。人之行,莫大于孝""罪莫大于不孝"(以上均为《孝经》语),"孝悌也者,其为仁之本欤!"(《论语·学而》)。由此可见,要了解和研究中华传统文化,一定是要"论孝"的。

(一)释孝

《说文解字》云:"孝,善事父母者。从老省,从子,子承老也。"就是说,孝的意思是善于侍奉服事父母,"孝"字是将"老"字的下方的"匕"字省掉,换成"子"字组合而成的。所以说,孝首先表示的是在下的子女与在上的父母的关系,其次表示的是在下的子女善事并承传在上的父母的责任和义务,所以,孝被视作一种美德和善行。

善事父母

(二)孝道的具体内容

从孝的本义我们可以清楚地知道,孝主要是讲在下的子女对在上的父母的一种情感与责任。这种情感与责任最集中的正是体现在一个"善"字上。在儒家看来,究竟什么样的行为表现才称得上"善事父母"呢?归纳起来应该有以下几个方面:一是要能够珍惜自己的身体发肤而不至于毁伤,因为这是父母给的生命形式,此谓之"惜身"。儒家将此视为孝最先应该做到的。这是从子女与父母的生理关系上来规定孝的。二是要能够在物质生活上赡养父母，此谓之"能养"。儒家将此视为孝最起码应该做到的。这是从子女与父母的生活关系上来规定孝的。三是要能够在精神生活上敬重父母，此谓之"能敬"。儒家将此视为孝最本质的体现。这是从子女与父母的精神交往上来规定孝的。之所以把"能敬"视为孝的本质，这是因为站在人之为人的人性上来给予观照的。关于这一点，孔子说得最为明确而又深刻。他说："今之孝者，是谓能养。至于犬马，皆能有养，不敬，何以别乎？"（《论语·为政》），意思是说，现在许多人认为对父母的孝，就是能够养活父母，其实养狗养马也是给它们吃喝，而如果只是给父母吃喝，对他们不能够做到敬重的话，那么，这与狗马还有什么区别呢？至于儒家还提到的要能够对父母和颜悦色，不要太忤逆父母以及"无违礼"（即在父母生时、死时和死后都按礼数去对待他们，"生，事之以礼。死，葬之以礼，祭之以礼"，此之谓也）等都属于"能敬"的范畴。四是要能够在道德修养上使自己挺立起来，行正道，此谓之"立身"。这是从子女的做人上来规定孝的。五是要能够在事功进业上使自己有所成就，以至于扬名后世，此谓之"扬名"。这是从子女的做事上来规定孝的。六是要能够做到有后嗣，以保证家族的繁衍和家族祭祀的不断，此谓之"有后"。由上可知，传统孝道的内容我给它概括为：惜身、能养、能敬、立身、扬名、有后。

　　如果说以上是从正面规定孝的内容的话，那么，实际上儒家也从反面划定了不孝的范围，其中以亚圣孟子之论最为全面和著名。孟子说："世俗所谓不孝者五：惰其四支（肢），不顾父母之养，一不孝也；博弈好饮酒，不顾父母之养，二不孝也；好货财，私妻子，不顾父母之养，三不孝也；从耳目之欲，以为父母戮，四不孝也；好勇斗狠，以危父母，五不孝也。"（《孟子·离娄下》）这是说，不孝有五种表现：一是四肢懒惰，不管父母的生活；二是好下棋喝酒，不管父母的生活；三是贪钱财，偏袒妻子儿女，不管父母的生活；四是放纵耳目之欲，使父母因此蒙受耻辱；五是逞勇好斗，危及父母。简言之，好吃、懒惰、贪财、纵欲、好斗而不顾父母的行为谓之不孝。对于每个中国人来说，可能孟子的下面这一句话更为熟知，即"不孝有三，无后为大"。而究竟此三者指的是哪些，孟子并没有明确说，汉代的赵岐给予了发挥。他说："于礼有不孝者三者，谓阿意曲从，陷亲不义，一不孝也；家贫亲老，不为禄仕，二不孝也；不娶无子，绝先祖祀，三不孝也。"这是说，一味曲从父母，即便见其有过而不加以劝说，使父母陷入不义之中，这是第一种不孝；家境贫寒，父母年老，自己不为官做事赚钱来供养父母，这是第二种不孝；不娶妻、不生子，断绝了祭祀祖先之人，这是第三种不孝。

（三）孝道反映的伦理精神

由孝的本义、孝的正面规定以及孝的反面规定，我们知道了作为中华传统文化独特的价值观的孝道的具体内容。我们对说孝的目的，除了让人们全面具体了解孝的内容，更重要的是要揭示由孝道而反映出的是什么样的伦理精神及其意义与价值所在。从上面的论述中可以清楚地发现，孝道强调的是在下的子女对在上的父母的一种天然的责任心和义务感，此其一；这种责任和义务是出于对对象的真挚情感，此其二；这种真挚情感具体表现为对对象的爱戴、敬重、给予，此其三。所以说，孝道所反映的伦理精神实质恰是体现在"善事"两字之上。何者为"善"？有心，有情，给予，尊重者也。一句话，对父母的有心、有情、给予、尊重的仁爱就叫做"善事父母者"。如果读者足够有心的话，你会记得我在之前"说仁"的章节中，曾对"仁爱"有过六个词十二个字的概括，即有心、有情、给予、尊重、分享、宽容。从我们从孝的定义中会清楚地发现它包括了仁爱几乎全部的精神实质。而我始终认为，只有准确把握了"仁"的精神实质以后，才能准确理解儒家许多命题的意义与价值。例如，"孝悌也者，其为仁之本欤"（《论语·学而》），"仁之实，事亲是也"（《孟子·离娄上》）"亲亲，仁也"（《孟子·尽心上》）。也就是说，孝是仁的根本，仁的实质在于善事父母双亲，亲爱父母双亲就是仁。实际上儒家在这里是要告诉人们，孝所表征的伦理精神亦是仁所要表征的伦理精神！

（四）孝与忠结合而形成的忠孝思想

与孝相连而形成的"忠孝"思想当是孝道包含的一个重要内容。《孝经》第一章就开宗明义："夫孝，始于事亲，中于事君，终于立身。"如果单就"孝"的问题来说，其在中华传统文化中的显著地位及其重要性都是没有任何疑问的，但当孝与忠相连而构成"忠孝"问题，其中的复杂性就呈现了，这就需要我们历史地、具体地、辩证地加以分析了。忠孝二德谁产生得更早，学界是有不同看法的。但如果就忠孝二德连用的话，无疑是孝德在先，忠德在后。道理很简单，忠孝就是要解决移孝为忠的问题。我们已知，孝的对象是双亲，"善事父母为孝"，所以这是对父母家庭所负责任和义务而表现出来的善德善行。忠的对象是集体、上级、君王、国家，那是对这些对象的责任和义务。所以说，孝是离每个人最近和最先要做的善行，为大家非常熟知的"百善孝为先"，说的就是这个意思。我们已强调指出了，善事父母的孝道之最本质的伦理精神一定是爱，又具体表现在"敬""顺"之上，所以也才有了"孝敬""孝顺"之说。由孝道而表现的下者对上者的敬顺之爱，当是忠孝思想提倡者要很好利用的地方。也就是说，要将这种下对上的敬顺之爱推及到更广泛的范围。《论语》中的一段话最能体现这种意图。"有子曰：'其为人也孝弟，而好犯上者，鲜矣；不好犯上，而好作乱者，未之有也。君子务本，本立而道生。孝弟也者，其为仁之本与！'"（《论语·学而》）也就是说，一个人如果能善事父母，善事兄长，就不会犯上作乱，去做逆道背理的事。所以孝悌是实践仁爱之德的基础和根本。《管子》说："孝弟者，仁祖也"，《孝经》说："故以孝事君则忠，以敬事长则顺。忠顺不失，以事其上，然后能保其禄位,而守其祭祀","君子之事亲,故忠可移于君;事兄悌,故顺可移于长。"以上之论,都是在强调孝德的根本性和先在性以及由孝而生出的敬顺之德。出于人的真挚情感而对在上者的父母兄长的敬顺仁爱的德行,如果将其扩展开来,对他人、集体、事业、上级、君王、国家也都能做到尽心尽力、敬顺行事,那应该成为一个文明社会值得正面肯定和提倡的行为。

由孝而忠,或者说移孝作忠,如果在上述意义得到自然地展开,那么,这样的忠是不可或缺的。汉唐以来所形成的"求忠臣必于孝子之门"选拔人才机制,其思想基础正在于此。当然,在现实中也不是说只要是孝子,那一定是忠臣的,相反的情况是大量存在的,即一个人可能在家是孝子,而对外人、集体或国家可能并没有发生必然地推移去爱他们。也就是说,由孝而忠之间并不存在必然性。正因为如此,在中国也还有另一个观念被人所熟知,即"忠孝不能两全"。但中国人为了树立和弘扬孝与忠的关联性,,则会从反面说理来支撑这种观念的正当性。具体说来,如果一个连自己的父母都不爱的人,这个人一定不会爱他人,不会爱岗敬业,进而也不会爱他的国家,而此种人一定不可重用。

所以,与其说"忠孝",不如说"孝忠"更符合它们的逻辑顺序。孝的本质在于爱,爱是一种有心有情对对象的眷念、亲近和爱护,爱父母,爱家庭,由此推移,爱家乡,爱故土,爱国家,爱天下,这是一个源于亲情的延伸,这是一种基于责任的扩展,这是一项本于使命的推及。延伸、扩展、推及都是强调爱的超越。"天下之本在于国,国之本在于家,家之本在于身","老吾老以及人之老,幼吾幼以及人之幼"(《孟子·梁惠王上》),"爱于亲者忠于国"(常言),修身、齐家、治国、平天下的"修齐治平"(〈大学〉语)等思想正是这一爱之超越性的最好表达。基于"孝忠"而产生的爱国情怀,也是由中国传统的"家国同构"的社会结构所决定的。由此可见,与孝相连的忠,其积极正面的价值与意义是显而易见的。当然,对于宋代以后那种将"移孝作忠"仅局限于处理君臣关系的狭隘化,并将两者的关系绝对化的忠的思想,我们是应该明确否定和批判的。我们也将这一性质的忠,命名为"私忠""愚忠"。而这一情况更在"忠君"思想中有所表现。

(五)二十四孝的得与失

论孝不能不论在中国有着广泛影响的"二十四孝"问题。虽然这二十四孝的人和事都发生在中国古代,汉晋以前占了绝大部分,因而具有了十分突出的时代局限性,但是,站在人性以及现代社会的

啮指心痛

百里负米

角度对其进行具体的辨析和讨论依然是必要的,也是有意义的。在这二十四位孝子的行为中,都是强调从生到葬再到死后很久的祭祀如何行之以礼,如何让父母生活得好,如何关爱忧愁父母的疾苦,如何让父母高兴快乐,如何满足父母特殊的需要等等。从他们的行为表现中,我们并不怀疑他们对自己的父母那分有心、有情、给予、尊重、宽容的仁孝之真挚情感,也在是在这个前提下,我们肯定二十四孝中所表现的这种伦理精神,但是,我们对二十四孝中有些极端的做法是无法

能够接受的,更不要说效法了。任何一种伦理精神的彰显,都始终应该符合人性地对待。也就是说,如果一种伦理精神本身是要体现人性的光辉的,而最后却失去了这种人性的光辉的话,那么,我们就要认真去反思这种伦理精神本身的缺陷和错误了。例如,在二十四孝中有几则正是因为将仁孝推向不适当的地步而丧失了人性的例子。郭巨埋儿,事亲奉母;丁兰刻木,事死如生;王裒纯孝,闻雷泣墓等。为了父母,而全然不顾其他生者的生存权和幸福权,这样的孝行是极不人道的。这里只对"郭巨埋儿,事亲奉母"一孝作些介绍。郭巨,晋代人隆虑人,原本家道殷实。父亲死后,他把家产分作两份,给了两个

孝行感天

芦衣顺母

弟弟,自己独取母亲供养,对母极孝。后家境逐渐贫困,妻子生一男孩,郭巨的母亲非常疼爱孙子,自己总舍不得吃饭,却把仅有的食物留给孙子吃。郭巨因此深感不安,担心养这个孩子必然影响供养母亲,遂和妻子商议:"儿子可以再有,母亲死了不能复活,不如埋掉儿子,节省些粮食供养母亲。"当他们挖坑时,在地下二尺处忽见一坛黄金,上面写:"天赐孝子郭巨,官不得取,民不得夺。"夫妻得到黄金,回家孝敬母亲,并得以兼养孩子。从此,郭巨不仅过上了好日子,而

埋儿奉母

且"孝顺"的美名传遍天下。对"埋儿奉母"的行径,鲁迅曾经有过无情的揭露和辛辣的讽刺。"彼时我委实有点害怕:掘好深坑,不见黄金,连'摇咕咚'一同埋下去,盖上土,踏得实实的,又有什么法子可想呢?我想,事情虽然未必实现,但我从此总怕听到我的父母愁穷,怕看见我的白发的祖母,总觉得她是和我势不两立,至少,也是一个和我的生命有些妨碍的人。"我们之所以说一说二十四孝的问题,是想阐明这样一个观点,在弘扬包括孝道在内的中华传统文化时,应始终站在现代文明社会和人性的高度来审视它们,不要不加分析和批判地一味全盘吸收。正是基于此,我们非常不赞同为了宣扬所谓孝道,而到处搞什么二十四图和二十四孝图。

(六)孝与慈相对而形成的慈孝观

我们研究中华传统文化的孝道,并一再重申它在中华传统中的独特而又重要的作用,但我始终有这样的想法,我们说孝,不能仅就孝而说孝，或者不能仅将孝与忠相对而说忠孝观，而忽视了孝与慈相对而形成的慈孝观。更为重要的是，实际上孝道及其伦理精神，那是与慈及其伦理精神紧密相联的。如果说，忠孝观是"移孝作忠"的话，那么，慈孝观所要表现的则是自然血缘的"天然关系"。既然是一种关系，所以，绝对地单独就一方来谈，是无法彰显出其本质意义的。换句话说，孝是不应该成为一个无根基和无前提的"单向性"的价值观。

　　善事父母谓之孝，而慈爱子女谓之慈。现在我们要讨论的问题是，善事父母的仁孝之情是从哪里产生的？通俗地说，子女为什么要孝敬他们的父母？答案和结论实际上再清楚不过了，那正是来源于父母首先对他们的子女所付出的仁慈之情啊！常言所说的，"没有父母不爱自己孩子的""可怜天下父母心""谁言寸草心，报得三春晖"均是在表达这种先在性的仁慈之爱。"为人子止于孝，为人父止于慈"(《大学》语)，此之谓也。也就是说，因为父慈，所以子孝，父慈子孝，此之谓也。我们中国人在谈到孝的时候，都喜欢用"乌鸦知反哺"作

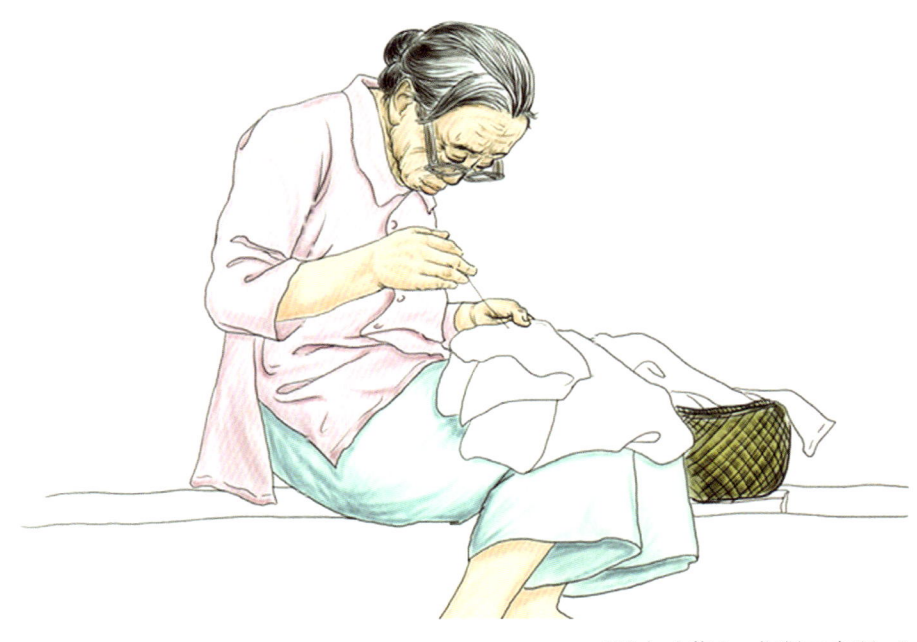

"谁言寸草心，报得三春晖。"

乌鸦知反哺

为例子。但我这里所要强调的是，你不能只看到或重视小乌鸦对老乌鸦的反哺，而忽视了老乌鸦竭尽所能为小乌鸦所做的抚养和奉献在先啊！我们不能仅称乌鸦为"孝鸟"，实际上它还被称为"慈鸟"。崔豹曰："乌，一名孝鸟"，乌即乌鸦。李时珍对乌鸦有过这样的记述："慈鸟，此鸟出生，母哺六十日，长则反哺六十日。可谓慈孝矣。"由此可见，母哺在先，且耗尽心血，从而失去捕食能力；而长则反哺在后。这是一个老者对幼者养育在先，而幼者对老者养育在后的双向性的施爱过程，所以，李时珍才说"可谓慈孝矣"。由此可见，父母对子女的爱称为哺育，子女对父母的爱称为反哺。前者是施恩，后者是报恩。两者都在"给予"对方中而显出仁爱的精神实质。

　　父慈子孝所表征的仁爱是一种"天伦"之爱，"血浓于水""父子有亲"，此之谓也。由以上所论，我这里似乎要做出一些看似"胆大"的举动，那就是，如果照"慈孝观"而表现出的逻辑先后和顺序的话，仁慈一定是在先的。所以仁爱之德亦一定是由慈而发出的。所以，在这个意义上说，孟子的那句名言亦应改为"幼吾幼以及人之幼，老吾老以及人之老"。

（七）孝道被推崇的历史原因

当然，我们要正视"孝道"思想在中国传统社会被高度重视的现实。其中的道理是十分明显的，因为孝道所宣扬的伦理责任意识，是与中国传统社会特殊的结构紧密相联的。大家都知道，"家国同构"是中国传统社会的结构形态，如果要将在家而养成的对在上者的责任感和仁爱的精神不断地向外扩展的话，那么，只有"孝道"才是符合这一推及的伦理观念。中华传统文化，尤其是作为统治思想的儒家文化，其思想终的一定是作为"外王"的"国家天下'。"格致诚正修齐治平"（格物、致知、诚意、正心、修身、齐家、治国、平天下谓之"八条目"）"内圣外王"，此之谓也。所以说，为什么会一再称孝是德之本和百善之源，最关键的一点就在于，孝这一"下对上"而形成的伦理观是符合中国政治需要的，因为这种需要的广泛存在，所以可以将孝所反映的责任不断地由近及远地推及开去，从而才产生这样的连带关系，即由爱父母、爱家庭，再到爱家乡、爱故土、爱国家、爱天下。这是一个源于亲情的延伸，这是一种基于责任的扩展，这是一项本于使命的推及。延伸、扩展、推及都是强调爱的超越。

值得强调指出的是，我们在说"孝"时，始终不能淡忘孝道是中华传统文化最具特色的文化观念，而它之所以能成其为特色，那一定是反映了中国传统社会存在的基本特色。这一基本特色一种表述为"家国同构"，一种表述为"宗法+封建"。宗法之家体现的观念就是"亲亲"；封建之国体现的观念就是"尊尊"。而能同时兼有这两种观念性质的，那当推"孝"。换句话说，"孝"既有亲亲义，又在尊尊义。惟其如此，孝才能在中国传统社会被用来作为强化封建社会所需要的"尊尊"之伦理观念得到大力宣传和弘扬。由此可见,孝,实际上架起和连贯了"亲亲""尊尊"为特征的中国传统社会的桥梁。

(八)孝道的现实意义

首先,要呈现孝的本义的"善事父母"中的"善"字的真之义。我认为这就是正念、正行,因为只有符合天良的观念和行为才能被称为正念和正行,而"善"恰是表征这一点的德目。其次,要凸显孝所要表达的是对对象的爱之情。中国的孝道所蕴含的积极意义正是要提

弃官寻母

刻木事亲

倡人在与多重关系中而彰显出对对象的责任和义务以及浓浓的爱之情义。具体说来,人对双亲,人对他人,人对社会集体,人对国家民族这些关系中皆要落实一个"爱"字。孝就是爱,爱就是至善。止于孝就是止于爱,止于爱就是止于至善。要懂得,这是中华传统文化的"至真至善至美"的理念,而这一理念则是中华传统文化自始至终坚守的"理一"之大道。只要有家庭在,有社会在,有国家在,有民族在,孝道就应大行其道。在任何情况下,这种孝道都可谓是符合人性的对待。另外,孝道所激起的爱国情怀当是我们在现代社会很好继承和弘

扬的。我们不会忘记在抗日战争时期流行的那首著名的歌曲《保卫黄河》中的歌词："保卫家乡，保卫黄河，保卫华北，保卫全中国。"这正是从爱亲人、爱家乡的原始的情感中迸发和拓展的一种精神力量、信仰追求。再次，在宣扬孝道的同时，我始终认为要解决好两个问题。一是与孝紧密相联的"慈"的问题，应该避免的是，不要因为过分强调在下者对在上者的孝的责任，而相对忽略了在上者对在下者的责任，如此才能构成一个良性的双向性的和谐关系。二是对传统孝道进行符合现代社会与人性的重新审视和继承。对那些已经完全异化和变质的

卧冰求鲤

闻雷泣墓

所谓孝道，即一味地强调单方面的顺从和丧失独立人格的孝念和孝行，当在坚决地批判和唾弃之列，例如，"天下无不是的父母""父要子亡，子不得不亡"等。还有那些过分的，甚而是充满迷信的二十四孝行中的一些孝行当在抛弃之列。例如，"埋儿奉母""刻木事亲""闻雷泣墓""哭竹生笋""卧冰求鲤"等。父母养育了子女，子女就应该回报，对父母就要做到"能养""能敬"；父母牵挂着子女，子女就应该回应，对自己就要做到"惜身""立身""扬名"。不要让父母担惊受怕、伤心痛心，这是子女应该做的。当然，是否"有后"的问题，

孝

哭竹生笋

能否做为"孝"的标准，则是要做具体分析，不可一概而论。所以说，中国传统孝道所要求的"惜身""能养""能敬""立身""扬名""有后"在现实社会中还是应该值得肯定和大力弘扬的。

对于包括孔子在内的所有儒家有关孝的思想，我们应该站在一个更加广泛的文化视角上来看待，所以这里引用一段西方学者的思想来加以审视。英国哲学家罗素曾指出："孝道和族权或许是孔子伦理中最大的弱点，孔子伦理与常理相去太远的也就在于此。家族意识会削弱人的公共精神，赋予长者过多权力会导致旧势力的肆虐……孔子宣扬的孝道有碍公共精神的发展。其重要证据就是那段孔子与叶公之间关于道德水准的对话……中国的孝道再怎么过分，它的危害也及不上西方的爱国，自然，这两者的错误之处都是教诲人们对人类的某一部分尽特别的义务而将其他人置之度外。因为，爱国主义容易导致军国主义和帝国主义，为国尽忠的最好方法就是杀人；而孝道利家的最好方法则是受贿和阴谋。所以，家族感情比国家观念的危害要来得小。"罗素此论虽有它的片面性，但也不乏深刻的地方，更为重要的是，受此启示，我们对孝道应做更深入的分析才是。要发扬孝道中"善"的种子及其人文精神，在我看来，要紧紧抓住"善事"二字。要重在克服由于孝道而容易产生的利己而损人的恶行。所以这样看来，孔子和孟子的伟大就体现出来了，他们要求的正是将善之"爱"

向"他者"推及。"入则孝,出则悌,谨而信,泛爱众,而亲仁"(《论语·学而》)"老吾老,以及人之老。幼吾幼,以及人之幼"(《孟子·梁惠王上》),此之谓也。具体说来,要将孝道中"善"的基因和成分推广到爱"他人""他者"之上。在孝亲与爱国上找到一个最佳的契合点,培植出更多的公共意识与精神,从而避免两者的单独而易造成的危害之缺点。忠孝按其本质来说,应该说是不能两全的,但是可以找到契合点,那就是"移孝作忠"的思路。当然这里要特别处理好"忠"的对象问题。这样看来,倒是中国传统文化中具有借鉴的成分更大些。有关问题我们将在论述'忠德"时再做进一步的分析。

  总之,论孝就是要把孝的本义、孝的精神说清楚;就是要把与孝相联的忠孝观、慈孝观说清楚;就是要把符合现代社会需要的和符合人性对待的孝的正念、正行发扬光大。

九 论悌

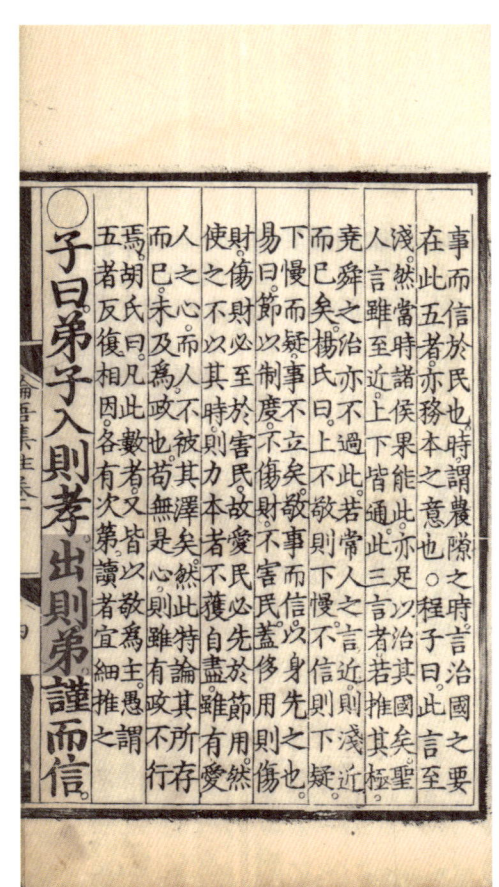

"出则悌" 《论语集注》〔宋〕朱熹注 明嘉靖二十七年（1548）伊藩刻四书集注本

如果要问哪些道德是最具中国特色的，答案一定是两个，即"孝"与"悌"二德。换句话说，孝悌是最具中国特色的道德。其原因应有二，一是孝悌之德是适应着中国传统宗法社会的现实需要，维系宗法血缘的关系需要孝悌；二是孝悌之德是适应着中国传统政治社会的现实需要，维系社会政治的统治需要将亲爱血亲的孝悌之德移植到爱戴君主的忠诚之德。中国传统的社会结构是家国一体。父父子子是解决齐家的问题，君君臣臣是解决治国的问题。所以"齐家"是为了"治国"。《论语》开篇就把这个关系讲得特别明确。"有子曰：'其为人也孝弟，而好犯上者，鲜矣；不好犯上，而好作乱者，未之有也。君子务本，本立而道生。孝弟也者，其为仁之本与！'"（《论语·学而》）。孝弟就是孝悌。就是说，为人处事如果能做到孝敬父母、尊重兄长，那么就不会做出犯上作乱的事来。实际上，从这里我们还能明白这样一个符合历史事实的文化现象，这就是谁家的学派能同时满足中国传统社会的两重需要，即宗法与政治，那它一定能构成中国传统社会的统治思想和主流思想以及成为中国人的普遍价值观。照此逻辑我们可以认为，儒家思想正是同时满足了这一现实需要。儒家思想是"祖述尧舜，宪章文武，宗师仲尼"（《汉书·艺文志》）的，而"尧舜之道，孝弟而已矣"（《孟子·告子下》）。

不惟儒家经典高度重视"孝悌"二德，《管子·戒第二十六》也明确指出："孝弟者，仁之祖也。"意思是说，孝悌是仁德的源头。当然，"孝悌"二德之所以在中国传统社会那样被重视和流行，除了它们被概括成中国传统文化的核心价值观之"四维八德"，即"孝悌忠信，礼义廉耻"以外，更为重要的是，作为蒙学的几部经典都将"孝悌"二德做为首德来宣扬和教化。《三字经》说："首孝弟，次见闻"，做人做事首先是孝敬长辈，敬重兄长，其次才是知识学问。《弟子规》更是根据《论语》所载的那段话进行详细辨析和发挥。子曰："弟子入则孝，出则弟，谨而信，泛爱众，而亲仁。行有余力，则以学文"（《论语·学而》），而《弟子规》正是按此分章如下：一、总序，二、入则孝出则弟，三、谨而信，四、泛爱众而亲仁，五、行有余，则以学文。所有问题中最首要和最重要的当然属于"孝弟"，因此才说"首孝弟，次谨信"。可见，《三字经》《弟子规》的"首孝弟"主张，从小就灌输到每个中国人的头脑中，如此一来就大大增强了中国人的孝悌道德观。

可能也正是因为"孝悌"二德的产生具有了上述社会根源，所以我们在论述它们，特别是在对其现实意义的阐发上当需运用辩证、历史和发展的方法。也就是说，对于它们要做出实事求是的分析和评价，并在此基础上做到创造性转化和创新性发展。

（一）释悌

就其本义来说，"悌"实际上存在着一个发展的过程，也就是说"悌"有两义：一为"善事兄长"之"悌"；一为"善兄弟"之"悌"。

而明确区分这两种含义的差异性是我们论述"悌"德时一定要注意的地方。

凡林子孙兄友弟恭图

其一，"悌"字在中国传统经典中向来都是用"弟"字来表示。《论语·学而》说"有子曰：'其为人也孝弟……孝弟也者，其为仁之本与！'""子曰：'弟子入则孝，出则弟'"，此处的"弟"亦作"悌"（ti）。《孟子·告子》说："尧舜之道，孝弟而已矣"，此处的"弟"亦作"悌"（ti）。《三字经》说："首孝弟"，此处的"弟"亦作"悌"（ti）。《广雅·释亲》说："弟，悌也"。所谓"悌"的本义就是指年小的弟对年长的兄应有的态度。这一态度就是"敬爱""恭顺"，而这一对兄长的敬爱和恭顺即被称为"善事"。所以《墨子·兼爱》说："为人弟必悌"，《新书·道术》说："弟敬爱兄谓之悌"，朱熹更明确地说道："善事父母为孝，善事兄长为弟。"正因为"弟""悌"有了年小的弟对年长的兄尊敬恭顺的意思，所以作为儒家道德伦理德目或说概念的"悌"即具有了"弟"（di）之"次第""次序"的含义。《说文·弟部》说："弟，韦束之次第也。"意思是说，用绳索依次缠绕物体的次序，束之不一，于是有次第，这就叫着弟。如果我们要从"悌"的会意的角度来理解的话，即左边有心，右边有弟，那就应该是：弟弟心中有兄长以及心中不忘先后次第。

由上可知,"悌"的本义一定是弟弟对兄长的敬爱和恭顺,也正是在此义的基础之上,"悌"德在延伸到非血缘的社会关系时当然地就具有了顺从长者的意义。正因为如此,汉代赵岐在解释孟子的"入则孝出则悌"时说:"出则敬长悌。悌,顺也。"《孝经》也说:"教民礼顺,莫善于悌……敬其兄则弟悦。""教以悌,所以敬天下之为人兄者也。""事兄悌,故顺而移于长。""长幼顺,故上下治。"

在这里值得强调指出的是,对于此层次意义上的"悌"德所要呼唤的精神当要做到实事求是地对待。"敬""顺""从"构成了此层次"悌"的内涵的三个关键词。也就是说,只有做到了这三个方面,那才能被认为是"善事"者也。我们认为,真正的"善事"一定是反映出"爱"的精神,而"爱"的实质又恰恰体现在"尊重"。也就是说,对兄长的敬爱、恭顺、顺从不但表现出施爱者的弟弟对兄长的尊重,而且也表现出受爱者兄长对弟弟的尊重。之所以要强调这一点,正是要避免可能过分强调在下者的一方对在上者的一方的尊重,而忽视了在下者应该受到的尊重。换句话说,不要为了强调对一方的"敬爱",即"善事",而给另一方因为人格上的不平等而造成某种伤害,如果是那样的话,你可能是对一方做到了"善",而就整个关系来说,你就不能够被称为"善"事了,恰恰相反,那就是建立在等级基础上的不平等之事了,而一切维护不平等的道德规范都是违反人性的,因而理应受到否定

兄弟亲情

和批判的。换句话说,在"善事兄长"含义的"悌"德,只是强调在下者的弟弟对在上者哥哥单方面的情感行为,因此,这个意义上的"悌"即使延展到家庭以外的社会,也只能引出"尊老"的观念和精神。所以说,对此的认识和继承一定要注意防止由于过分强调而可能造成的等级和不平等意识和行为的产生。

其二,也可能在实际的运作中,中国古代思想家注意到了上述问题,所以他们首先在概念的本来意义上来更加明确地规定出"兄"与"弟"双方都应该遵循的"善事",如此才能叫做"悌"。这就是南唐人徐铉所著《说文新附·心部》对"悌"所做的规定和解释。他说:"悌,善兄弟也。"这一规定和解释显然与"善事兄长为悌"的意思有了很大的区别。也就是说,"善兄长"之"悌"要求的是单方面的责任,而"善兄弟"之"悌"则是要求双方面的责任。这就提醒我们,在研究"悌"德的时候,还应该注意到在另一种意义上对"悌"的规定,那就是包含着弟与兄的相互关系的规定上。这就是以《说文新附·心部》为代表的观点,它是这样解释"悌"的,"悌,善兄弟也,从心,弟声"。这就表明,"悌"是包括了兄与弟双方的相互"善事"的意思。而反映在《三字经》《弟子规》以及其他经典中里的那些对兄与弟"明伦尽责"性的规定,都是在这个意义上被理解的。为了加深我们对这一问题的认知,在这里引述一下有关经典原文。儒家十三经之一的《礼记》中在谈到"十义"时,其中论述到"兄弟"时这样说道:"兄良弟恭。"宋人所著《三字经》说:"兄则友,弟则恭。"清人所著《弟子规》说:"兄道友,弟道恭,兄弟睦,孝在中。"在此意义的"悌"当包括了弟弟心中有哥哥,哥哥心中亦有弟弟者也。更为重要的是,兄在对弟的友爱中和弟在对兄的恭敬中实现了彼此的"善事"。这个意义上的"悌"延展到家庭以外的社会,那才能引出"尊老爱幼"的观念和精神。"悌"以这样的身份和角色"出场",亦才能全面和充分展现出它的正面和积极的意义及其功用。

(二)"悌"德的双向性以及"出"的重要性

正因为这种关系是建立在双方相互的"善事"中,所以这一意义上的"悌"才能真正肩负起相互尊重之责。也可能正是看到了这一点,中国传统文化将源于家庭之"内"的道德,扩展到家庭之"外"的社会时,选择了"悌"德,并通过此德来实现"爱"的泛化和推及。如果要问在儒家诸多德目中哪一个最能体现出儒家所始终坚持和运用的由近及远、由己推人的思维方式的话,那么答案一定是"悌"德。孔子和孟子都十分强调"出则悌"的问题。所谓"出",就是要从内、从近、从己向外、向远、向人扩充、拓展、推演、延展。简单地说,"入"是专门解决"家族"内的事,而"出"是将家族内的事延伸到家族外的地方和场所,此地此所当然就是"社会"了。也正是基于这一点,或说正是站在了这个角度来看待"悌"德,你就会发现这一道德的重要性和现实性,从而你也才能真正理解孔孟都如此重视"出则悌"的真正原因之所在了!也就是说,"悌"在"伦理"关系中是要承担两头任务和要尽到两重责任。具体说来,"悌"德既承担调适家庭内的血缘关系的"兄弟姐妹"的任务,又承担协调家庭外的非血缘关系的"兄弟姐妹"的任务。另外,"悌"德不仅要尽到在家内的"兄友弟恭"的责任,而且要尽到在家外的"尊老爱幼"的责任。

为了更好地理解"悌"德在这方面所具有的特别意义和所起得特殊作用,我这里试图结合对孟子那段著名的论断的阐述而实现这一目的。孟子的"老吾老以及人之老,幼吾幼以及人之幼",实际上包含着丰富的内涵,"孝悌"二德都蕴含其中矣。"老吾老",孝德讲,悌德也讲;而"以及人之老",那是由悌德来讲的。"幼吾幼",悌德讲;而"以及人之幼",也是由悌德来讲的。由此看来,"老"与"幼"两头,"悌"德都参与其中了。具体说来,在家的"入"("老吾老"与"幼吾幼"),既有孝又有悌,而如果延展到"人之老",即"以及人之老"的"外"(家庭以外的社会),那么这就需要"悌"

德"出场"了。值得指出的是,这里"老"既有孝敬父母长辈的意思,也有尊敬老者长者的意思,而"悌"德当具有尊重、顺从长上的意思。而至于完成"幼吾以及人之幼"的任务,那更是只得靠"悌"德了。由此可见,中国传统社会所积极提倡的并被称为优秀美德而加以弘扬的"尊老爱幼"是通过"悌"德而得到具体体现的。换句话说,"尊老爱幼"正是由"悌"德呼唤出的道德精神和行为。这一道德精神告诉我们,在社会上遵循"悌",就是尊敬社会上所有比自己年长的人,护抚社会上所有比自己年少的人。由此我们可以发现"悌"德是有其非常显著的特征的,我以"双向""内外""全面"来概括之。也就是说,悌德在家庭中所要求的"兄友弟恭"体现了其双向性特征;悌德是要承担由内向外"出"的任务的,从而体现了其内外性特征;悌德既要关照着血缘关系的"兄弟",又要关照着非血缘关系的"老幼",从而体现了其全面性特征。也正是因为"悌"德具有了这些特征,所以它也才有可能肩负起更广泛的重任。

(三)悌德的实质在于"友善"

所以,对"悌"德的研究,还应该从"悌"德中自然包含的"友""睦""和"等这些"善"行中挖掘它的重要意义和价值。这是一个更加广泛和深刻意义的问题。具体说来,所谓广泛是指"悌"德最终是解决社会关系范围内的"兄弟朋友"问题,所谓深刻是指"悌"德最终是要实现社会关系中的人与人之间的友善、和谐、和睦的问题。

没有比以下为大家所熟知的名言更能代表"悌"德所要关照的广泛性了,"四海之内皆兄弟也"(《论语·颜渊》语),"落地为兄弟,何必骨肉亲?"(晋陶渊明语),"海内存知己,天涯若比邻"(唐王勃语),"民吾同胞,物吾与也"(北宋张载语)。如果用最通俗的话说,那就是兄弟姐妹、兄弟朋友、同志朋友。"同师曰朋,同志曰友"(汉郑玄语),"同志为友"(《说文》语),"善兄弟为友"

(《尔雅》语）。这些话语是想告诉人们的是，"悌"德就具有了"善兄弟朋友"之广泛之义。

而要呈现和理解"悌"德所具有的深刻性，那就要进入对"友"之性的理解，从而你才能理解为什么会"悌"与"友"相联而有"悌友"一词以及"友"与"善"相联而有"友善"一词！《广雅·释诂三》说："友，亲也。"《书》孔传说："友，顺也。"这就明确告诉我们，所谓"友"就是亲善、亲爱、和顺的意思。如果我们注意到《说文解字》在解释到"仁"字的时候说："仁，亲也，从人从二。"由此可见，"友"字和"仁"字在"亲"的含义上实现了重合。这一点应引起我们的高度重视。因为不但是"悌"，而且包括"孝"，即"孝悌"，其最终乃是要落实到"泛爱众，而亲仁"（《论语》《弟子规》语）之上！值得注意的是，"悌"德通过"友"，不但扩大了对象的范围，更重要的是深化了对象间的关系。而这种关系又具体通过"亲爱""亲和""亲顺""亲睦"即"亲仁"的组合并最终体现在一个字上，那就是"善"。

如果要找一些词汇来表示兄弟朋友间的这种"善"情"善"行的话，那这些词就是"悌友""友悌""悌顺""悌睦"。由此可见，兄弟平等友爱也是由"悌"德呼唤出的道德精神和行为。当我们站在既广且深的层次上来挖掘和研究"悌"这一美德的时候，我们即刻就会发现，蕴藏在其中的德行是那样的"善"！这种"善"所要呈现的是对象之间的"亲近相爱""互助互爱""平等相爱""相互尊重""相互帮助""团

四海之内皆兄弟

"子之友悌"《夏侯常侍诔》〔晋〕潘岳撰 清光绪羊城翰墨园刻朱墨套印本

结互助""团结友爱"等等。"出入相友,守望相助,疾病相扶持,则百姓亲睦"(《孟子·滕文公上》),此之谓也。

(四)悌德的最大功用在于"和"

更值得强调指出的是,这样的美德所欲达到的是人与人关系的和顺与和谐并最终促使整个社会的和顺与和谐。换句话说,悌德的最大功用正是落实在一个"和"字上。诚如北宋苏辙说:"欲求兄弟之和则致力于友悌之节。"我们都知道,"礼"的功用也正是表现在一个"和"字上。"礼之用,和为贵"(《论语·学而》),此之谓也。我在这里也提出一个命题:"悌之用,和为贵。"如果我们要问,为什么说"礼"与"悌"的功用反映在"和谐"之上呢?换句话说,为什么说"礼"与"悌"能促使人与人以及社会关系的和谐呢?这其中一个非常重要的原因就是在于它们都突出一个"敬爱"的精神。更重要的是,中国传统许多美德讲究的是相互的感应和交换。礼敬是相互的,是感应的,是交换的。"有礼者敬人,敬人者,人恒敬之"(《孟子·离娄下》语),此之谓也。悌敬友爱是相互的,是感应的,是交换的。"子之友悌,和如瑟琴"(晋人潘岳语),此之谓也。

(五)悌德本旨归于仁德

当然,无论在论"孝"时,还是在论"悌"时,都应始终牢记"孝悌"是作为"仁"之根本而存在的,同时也是作为"仁"之终的而存在的。"孝弟也者,其为仁之本与"(《论语·学而》),"弟子入则孝,出则弟,谨而信,泛爱众,而亲仁。行有余力,则以学文"(同上)。"孝弟者,仁之祖也"(《管子》语),"首孝弟,次谨信"(《弟子规》语)。"本""祖""首"等字谈的是根本性问题,而"泛"字谈的是终的问题。"仁"就是爱人,就是亲近人,就是博爱人。而作为中华传统美德的全德者的"仁",那更是讲究人与对象,尤其是人与人之间的相互感应和交换。"仁者爱人,有礼者敬人,爱人者,人恒爱之"(《孟子·离娄下》),此之谓也。总之,悌与孝是仁爱的出发点,它们所要指向的是"泛爱众"(孔子语)、"仁民爱物"(孟子语)、"博爱"(韩愈语),这是一个"天下为公""天下大同"(《礼记》语)的境界,《大学》将此境称为"至善",所以,归止和安止此境者遂成为中华传统文化,尤其是儒家文化给社会和人生指明的最终方向和目标,由"心性之学"与"天人之学"构成的"大学之道"之终的乃是"止于至善"(《大学》语)!这是一个多么深厚高远的"爱"啊!

(六)包括"悌"德在内的中华传统美德表征的精神都是"爱"

从上我们可以认识到,在中华传统美德中,仁、义、礼、信、孝、悌、忠诸德所要呼唤的都是"爱"的道理和精神。"仁者爱人也",作为以爱为其内涵的"仁",自不必说。仁德是具体通过"忠恕"二道来

表征"爱"。其他各德都是通过其他道理或说理念来反映和体现"爱"的。"义"是通过行仁以及显示自身的公平正义和乐于助人之旨表征着"爱";"礼"是通过恭敬之旨表征着"爱";"信"是通过诚实不欺之旨表征着"爱";"孝"是通过敬顺父母等善事之旨表征着对有着血缘关系的上辈的"爱";"忠"是通过尽心尽力竭诚为他者做事之旨表征着"爱";"悌"是通过敬重兄长,特别是通过尊老爱幼亲近友善之旨表征着"爱"。如果大家仔细分析起来的话,你可能发现在这些中华传统美德中,"信"与"悌"两德是表现出鲜明的"平等"道理和精神的。而这种平等正是在相互珍惜、相互信任、相互尊重、相互理解、相互关照中得到反映。当然,我们这里是特别指在"善兄弟"意义上的"悌"德而言的。

　　实际上通过上述分析,我们可以发现中国传统文化这样一个非常有特点的精神及其实现这一精神的思维逻辑。用孟子的话说就是"先立乎其大者",这个"大者"又可以被称为"大道"。"天下为公"正是中国传统文化所立的"大道"。"大道之行,天下为公"(《礼记》语),此之谓也。只有实现了"泛爱众""博爱",才能达到"天下为公"的目标。那么,实现这一目标的途径和方法是什么呢?换句话说,实现"天下为公"的博爱,其人性论的根据和基础在哪里呢?儒家找到了"孝悌",尧舜,孔孟均是如此。通俗地说,儒家从人性论的根本之处论述"孝悌"的终的乃是为了"天下为公"的博爱。所以在儒家那里始终贯彻着一个思维逻辑,那就是如何完成从内向外的"出"的问题。也就是说,"出外"的观念意识和思维方法始终构成了整个儒家的思维的重心。从孔子的"泛爱众""天下归仁焉",到孟子的"亲亲仁民爱物""老吾老以及人之老,幼吾幼以及人之幼",再到韩愈的"博爱之谓仁",张载的"民胞物与",程颢的"仁者浑然与物体"等等,无不是这一"出外"的行进路径。而"孝悌"二德中,其实是有明确分工的,"入则为孝","出则为悌",此之谓也。由此也说明,他们主要是将"悌"德做为他们扩充爱,即落实"天下归仁""天下为公"之博爱的一个"过渡性""桥梁性"来对待的。明白了这一点，"悌"德的重要性就非常明显地被呈现了。

通过我们对"悌"德的分析和研究，还可以发现另一个很有意义的问题，那就是，"悌"德实际上既有"私德"的功能，更有"公德"的功能。私德属于"入"，其范围局限于家族社会；公德属于"出"，其范围涉及全体社会。这个问题其实涉及到如何在新的形势下发扬和创造性发展中华传统美德的问题。而"私德"与"公德"的问题乃是需要认真认知和对待的现实问题。如何让存在于中华传统美德中的那些具有可以运用到"公德"领域的道德发挥出它们应有的作用，此问题应引起高度重视。也正因为如此，我们在建设社会主义文明国家的时候，更应该发扬存在于"悌"德中的这种平等亲近精神、互助互爱精神、礼让秩序精神、扶危济困精神等等。所有这些又都体现着人类最光明和美丽的"善"的精神。我们有充分理由相信，构成社会主义核心价值观之一的"友善"是受到"悌"德滋养的。我们更有理由相信，当中华传统美德与社会主义核心价值观实现了交融以后，必将对中华民族的伟大复兴以及建设文明和谐的中国起到巨大的作用，这也是"论悌"的最大的现实意义之所在。

十 论忠

"忠"是中华传统道德文化中的一个重要的德目。孔子的文、行、忠、信的"四教"中有它,孟子的"忠信仁义,乐善不倦"的"天爵"中有它,《周礼》的"智、仁、圣、义、忠、和"六德中有它,"孝悌忠信礼义廉耻"旧四维八德中有它,"忠孝仁爱信义和平"新八德中有它。

(一)释忠

"忠"在汉语词汇中是一个多义词,其原始本来之义有许多,并皆表示某种美德和善行,这应该是忠这个概念一个非常重要的特点。

《说文解字》:"忠,敬也。从心,中声。"段玉裁补"尽心曰忠",《疏》:"中心曰忠";《广韵》:"忠,无私也";《六书精蕴》:"忠,竭诚也";《玉篇》:"忠,直也"。可见,"忠"在尽心、

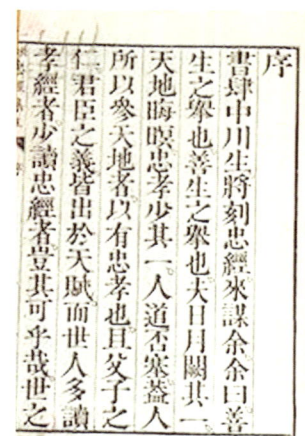

《忠经集注》

为人民服务

中心、无私、恭敬、竭诚、直率等获得了它的本来含义。所以,"忠德"就是尽心尽力、不偏不倚、恭敬竭诚、中心无私,以奉公、任事、服职、对人之美德。也只有在这些意义上我们才能真正理解古人所说的"忠者,德之正也"之深义,从而才能明白为什么忠德在中华传统道德文化占有那样的重要地位。甚至可以这么说,如果能将忠德所蕴含的全部意义揭示和呈现出来,中华传统文化,特别是儒家文化的主要精神就可以得到全面展现。

(二)忠德包含了"仁义礼智信"五常之德

1. 忠爱

尽心尽力为人做事,是忠德所表达的第一个意思。这里对"为人"的定位是十分重要的。第一,"为人"一般是指为他人而不是为自己,第二,"为人"特殊是指为大数人民而不是为少数人。第一个意义上的忠之义,我们在《论语》中能得到印证。为大家非常熟知的这样三句话,就提到了忠。曾子曰:"吾日三省吾身,为人谋而不忠乎?与朋友交而不信乎?传不习乎?"(《论语·学而》)"为人谋而不忠乎"?意思是说,替别人办事,给别人出主意是否尽心尽力呢?如果是就是忠,不是就是不忠。《论语·雍也》篇记载了孔子对仁的解释的一段话:"夫仁者,己欲立而立人,己欲达而达人。"在孔子看来,所谓仁,就是自己要站得住,同时也使别人站得住;自己要事事行得通,同时也使别人事事行得通。通俗地说,你要立,他人也要立;你

关公像

要达,他人也要达。你有这个心,他人也有这个心。所以,在处理人与人的关系中,要始终做到"将心比心""设身处地""由己推人"。孔子的弟子和以后的儒家一些著名人物都将孔子的上述思想视为"忠道"。从《论语》对忠道的规定中,我们可以清楚地发现,"忠"在尽心尽力为人谋利中,在"立人达人"中显示其"仁爱"精神。第二个意义上的忠之义,我们在《左传》中能得到印证。《左传·桓公六年》:"上思利民,忠也。"意思是说,统治者要思考着为人民谋求利益,这就叫做忠。由上可知,忠在"为人""利民"中获得了它的含义。"为人"表示的是己人关系,重心落实在他人,"利民"表示的是君民关系,重心落实在人民。"为人"体现的是"以他人为本","利民"体现的是"以人民为贵"。简言之,忠的对象是他人,是人民,"尽心于人曰忠"(司马光《四言铭系述》语),此之谓也。而具体言之,推而广之,忠的对象那就是事业,就是职守,就是国家,就是民族。所以,所谓忠就是忠于事业,忠于职守,忠于国家,忠于民族。概而言之,忠的精神是仁爱,而仁爱的本质即在于给予、奉献。由此,忠德就表现为"仁爱"之德也,从而实现了忠与五常之仁的相融互通,我们姑且以"忠爱"表述之。

2. 忠正

无私公正做人处事,是忠德所表达的第二个意思。私的反面是公,所以无私也就是"公",大公无私,此之谓也。而"公"的要旨就反映在中正、平正之上,"忠者,德之正也""惟正是忠",此之谓也。我们又知道,中正、平正则是"义德"所呈现的意思。所以在这里实际上就形成了这样的逻辑关系:忠即公,公即正,正即义,义即忠。这也就是忠公、忠正、忠义常常相联而用的真正原因之所在。为了更好地理解"忠德"在此方面的意义,我们有必要对"义"这个概念稍加分析。《释名·释言语》说:"义,宜也",《中庸》也说:"义者,宜也",意思是说,"裁制事物使合宜也"。那么,什么样的状态才能算着"合宜"呢?下面所论给出了答案:"义者比于人心,而合于众适者也"(《淮南子》语),"义者宜也,断决得中也"(《白虎通义》语),"义者,正也"(《墨子》语),"行义以正,事业以成"(《荀子》语),"至平而止,义也"(《管子》语),"义,人之正路也"(《孟子》语)。从这里可以清楚地看到,"义"是让人们在裁制事物的时候,要遵循"比于心""合于众""得于中""止于平""行

包公像

于正"和原则。即是说,同于人心、符合大众、安止公平、行使正义、无所偏私的行事原则和道德规范就是义。所以公平、公正、中正、无私正是"义"德呼唤的精神。而当我们将上述所有"忠德"的含义呈现的时候,不亦恰恰是在表征着与"义德"相同的精神吗?在这里值得强调指出的是,为中国人非常熟知的名言"天下为公"也正是通过忠德要弘扬的一种德性和精神。在中国传统文化中,无论是雅文化,还是俗文化,无论是上层社会,还是下层社会,都按照"公义"这一最高原则创造出他们心中的偶像并加以祭拜,以此代表这一忠公文化的特殊符号。正像大家非常熟知的关公、包公和济公,他们被合称为"三公"。人民称颂和祭拜他们,就是在于他们是"公义忠正"的化身,这也充分证明中国传统文化向来是不缺乏公正理念的。还应该引起注意的是,中国是将公正上升到信仰的高度来加以认知和追求的。概而言之,忠的精神是义正,而义正的本质即在于公正、无私。由此,忠德就表现为"义正"之德也,从而实现了忠与五常之义的相融互通,我们姑且以"忠正"表述之。

济公像

3. 忠敬

恭敬，是忠德所表达的第三个意思。"敬"也是《说文解字》对忠的最直接的解释，"忠，敬也"，意思是说忠即是恭敬、庄敬、尊敬、崇敬之情之意。我们知道，恭敬辞让是"礼德"所呈现的意思。孟子曾明确指出："恭敬之心，礼也。"所以说，"礼"的本质在于"敬"。在先秦文献中，即便是专论君臣之间的关系，也都是在此意义上使用的，例如为大家熟知的"君使臣以礼，臣事君以敬""为人君止于仁，为人臣止于敬""君惠臣忠"等说法。当然礼敬与忠敬更多的意义是在解决人与人以及人与事等更广泛范围内的。作为一般意义上的礼，是要通过一定的形式表现出来的。不管有多少礼，以及多少形式，但是最终都是要体现出对对象的恭敬。所以古人有言："经礼三百，曲礼三千，可以一言以蔽之曰：毋不敬。"所谓的"毋不敬"，意思是说，身心内外不可有一点不恭敬之意。在礼主敬的原则下，礼还通过辞让、谦逊、卑弱以具体体现对对象的恭敬之义，这就是礼之让、礼之谦、礼之卑而要表现的精神。可见，礼敬、礼让、礼谦、礼卑是关乎修养和品行的问题。一个国家要立需要知礼，一个人要立需要知礼。"不知礼，无以立也"（《论语·尧曰》），说的就是这个道理。对人行事要恭敬而不懈怠，这就是忠德与礼德所欲共同彰显的德行和精神。有了这种德行和精神，就会产生团结和谐的局面。换句话说，和谐局面是靠礼敬而获得的。《论语》中所说的："君子敬而无失，与人恭而有礼。四海之内，皆兄弟也"，"礼之用，和为贵"都是在这个意义对礼敬的作用加以肯定的。概而言之，忠的精神是礼敬，而礼敬的本质即在于恭敬、谦让。由此，忠德就表现为"礼敬"之德也，从而实现了忠与五常之礼的相融互通，我们姑且以"忠敬"表述之。

4. 忠善

教人以善，导人以善，是忠德所表达的第四个意思。"教人以善谓之忠"（《孟子·滕文公上》），这应该说是"忠德"所蕴含的一

诸葛亮忠于事业,恢复汉室。

个非常重要的意义,但它并没有引起人们的足够重视。简单地说,忠德是要让人向善的德性。从忠德的这个意义上说,它所强调的是人之为人的一个天生能力的问题,而这又恰与"智德"所要表征的意义是相同的。作为五常之德的"智",是最难把握的一个德目。以上已指出过,五常之智不是我们通常理解的聪明、知识和智慧,而其正确的解释应该是良知,它是所有道德的基础和判断所有道德真假的标准。换句话说,智的本质乃是在于能保证所有道德的不离不去,也就是真正实行所有道德者也。正是在这个意义上,孟子才说:"是非之心,智之端也。"如果要对五常中的"智"给出一个本质属性的话,那么,我认为就是"善",再确切一点说就是"至善"。如此,智与善就在人之为人的本性上得到了重合与相通。而我们所讨论的"忠德"之一的属性及其功能正是在于能够将人之为人的本性呼唤出来!如果人们能够站在这样一个高度来把握忠德的话,那么存在于忠德中的价值与意义就会被明晰和凸显。有关问题在后面还要阐述。呈明向善之心,教化人心向善,这就是忠德与智德所欲共同彰显的德行和精神。概而言之,忠的精神是智善,而智善的本质即在于良知、向善。由此,忠德就表现为"智善"之德也,从而实现了忠与五常之智的相融互通,我们姑且以"忠善"表述之。

5.忠诚

不欺竭诚,是忠德所表达的第五个意思。《增韵》说:"忠者,内尽其心,而不欺也",《六书精蕴》说:"忠,竭诚也",这里是强调发自内心的绝对不欺、诚实和诚信之义。一个"尽"字,一个"竭"

字来规定不欺与诚，是为了强化忠德在诚信层面的绝对性与神圣性。这应该是表征了中华传统文化的"信德"最深层的内涵。另外，与忠德上述所蕴涵的意思和精神所不同的是，此处的忠德所表示的诚信和不欺之义，与五常之信德的意思是完全吻合的。大家知道，《说文解字》说："信，诚也"，这就是说，信就是诚，诚就是信，可见，"信""诚"可以相互解释。《字汇·人部》说："信，不疑也"，孔颖达疏："信，不欺也。"所以，从正面说，信就是真诚，真实；从反面说，信就是不疑不欺。合而言之，诚信的意思就是诚实不欺。亚圣孟子虽然没有将"信"与仁义礼智一起作为人之为人的道德来加以论证，但是一点也不表示孟子对"信"的不重视。可能答案恰恰相反，孟子是极其重视"信"的，一个最有力的证明就是他将"诚信"的问题上升到了哲学本体的高度来加以认识的。也就是说，孟子是明确将"诚信"视为天的本质属性，这就是他著名的"诚者，天之道也；思诚者，人之道也"

忠诚国家

（《孟子·离娄上》）之论。这已经大大凸显了诚信的绝对性和神圣性。因为在孟子看来，诚信是一种向善之心、向善之力、向善之情。当我们论述到这里的时候，会清楚地发现，与我们所要论的忠德是存在着如此内在的关联性。"内尽其心，而不欺也"，"竭诚者"那是忠德所要表征的精神实质啊，一个"尽"字，一个"竭"字则充分体现出忠德在提倡诚信上的绝对性和神圣性。概而言之，忠的精神是信诚，而信诚的本质即在于笃实、不欺。由此，忠德就表现为"信诚"之德也，从而实现了"忠"与五常之"信"的相融互通，我们姑且以"忠诚"表述之。

由上可知，由爱、正、敬、善、诚而组成的忠爱、忠正、忠敬、忠善、忠诚的忠德精神与仁爱、义正、礼敬、智善、信诚的"仁义礼智信"五常精神实现了互通互融。我曾这样概括五常所体现的精神：仁以爱之，义以正之，礼以敬之，智以善之，信以诚之。而今天对忠德所体现的精神则要做出如下概括：忠以爱之，忠以正之，忠以敬之，忠以善之，忠以诚之。总之，忠德具有了"仁义礼智信"五常的全部意义与价值，我相信，当具有了上述认知，忠德在中华传统道德中的重大意义和巨大作用就会清晰可见了。

（三）忠是一种气节

当然，忠德所表征的意义与价值不仅表现在它与五常之德的相通性，而由忠德呈现的另一层意义与价值是值得我们重视的并需要我们阐扬的。那就是忠还有作为一种为了坚守、捍卫、维护、完成高尚的和神圣的道义、正义、公道、真理、光明而不惜牺牲生命的气节、操守与情怀之义。"为正而义""惟义是忠"正是忠德所包含的意思，也正是"忠德"取得了这种含义而又与"义"的概念完全重合。大家知道，"义"也是表示一种伦理品德和精神情操。一句话，在表示一种节操、贞操、节义、品节、气节、操守等高尚德行意义上，忠德与义德就具有了另外一种意义与价值。正是在这层意义上，自古以来，我们中华民族都在传颂和高扬着这种精神。而圣哲先贤们的许多名言，

荆轲刺秦王 舍身取义

也都是在诠释和印证着"忠德"的这一精神。换句话说，以孔孟为代表的圣哲先贤们的警言格句，都是忠德所要体现的内涵及其精神。孔子说："志士仁人，无求生以害人，有杀身以成仁"（《论语·卫灵公》），孟子说："富贵不能淫，贫贱不能移，威武不能屈"（《孟子·滕文公下》），"生，我所欲也，义，亦我所欲也。二者不可得兼，舍生取义者也"（《孟子·告子上》）。这种浩然正气正是我们中华民族的伟大气节和可贵精神之所在，千百年来在这种气节和精神培植下产生了许许多多民族英雄，舍生取义成仁是历史上许多人追求的人生境界。为大家熟知的民族英雄文天祥正是其中的杰出代表。文天祥在其绝灭诗中这样写道："孔曰成仁，孟曰取义，难其义尽，所以仁至，读圣贤书，所学何事？而今而后，庶几无愧？"成仁取义就是选择死亡，就是实现道义。忠德在这里是要宣扬个人在大义、大节、大信面前是不惜牺牲自己生命的勇敢精神的。我们常常会将这种品德操守赞誉为忠勇、忠贞、忠烈。由此，忠德就表现为"道义"之德也，从而实现了忠与义的相融互通，我们姑且以"忠义"表述之。

通过以上对忠德诸义的讨论，可能会发现忠德有几个非常重要的特点。其一，就是它的"全"性。即强调对"他者"的尽心尽力，全心全意。"忠者，中也，至公无私"（《忠经·天地神明章》），此之谓也。其二，就是它的"一"性。即强调对"他者"的专一纯粹、永恒坚定。"昔在至理，上下一德，以徵天休，忠之道也……忠也者，一其心之谓也"（同上），此之谓也。正因为有了上述二性，忠德与其他道德德目比较起来，喜欢用一个否定词来加强忠德诸义的意义。例如忠心不二、忠诚不欺、忠勇不屈、忠贞不移、忠正无私。

（四）忠孝与忠君爱国

诚如前面所言，与孝与君相连而形成的"忠孝""忠君"思想当是忠德所包含的两项重要内容。如果单就"孝"的问题来说，其在中华传统文化中的显著地位及其重要性都是没有任何疑问的，但当孝与忠相连而构成"忠孝"问题，其中的复杂性就呈现了，这就需要我们历史地、具体地、辩证地加以分析了。而当"忠君"与"爱国"相连而形成"忠君爱国"问题，情况就显得更加复杂了，对它进行客观全面准确的把握，关系到对爱国主义传统的正确认知问题。

1. 忠孝

忠孝二德谁产生得更早，学界是有不同看法的。但如果就忠孝二德连用的话，无疑是孝德在先、忠德在后。道理很简单，忠孝就是要解决移孝为忠的问题。"孝"字由上老、下子而构成，象征上代与下代融为一体。孝的对象是双亲，"善事父母为孝"，所以这是对父母家庭所负责任而表现出来的善德善行。忠的对象是集体、上级、君王、国家，那是对这些对象的责任。所以说，孝是离每个人最近和最先要做的善行，为大家非常熟知的"百善孝为先"，也当有此种意义。善事父母的孝道之最本质的伦理精神一定是爱，又具体表现在"敬""顺"之上，所以也才有了"孝敬""孝顺"之说。关于孝的这一本质规定性，在孔子那里就明确提出了。孔子说："今之孝者，是谓能养。至于犬马，皆能有养。不敬，何以别乎？"（《论语·为政》）意思是说，只是物质上供养老人，而不在精神上敬顺他们，那这种方式与养狗马有什么区别呢？由孝道而表现的下者对上者的敬顺之爱，当是忠孝思想提倡者要很好利用的地方。也就是说，要将这种下对上的敬顺之爱推及到更广泛的范围。《论语》中的一段话最能体现这种意图："有子曰：'其为人也孝弟，而好犯上者，鲜矣；不好犯上，而好作乱者，未之有也。君子务本，本立而道生。孝弟也者，其为仁之本与！'"（《论语·学而》）也就是说，一个人如果能善事父母，善事兄长，就不会犯上作乱，去做逆道背理的事。所以孝悌是实践仁爱之德的基础和根本。《管子》的"孝弟者，仁祖也"，《孝经》的"夫孝，德之本也，教之所由生也"，都是在强调孝德的根本性和先在性的。出于人的真挚情感而对在上者的父母兄长的敬顺仁爱的德行，如果将其扩展开来，对他人、集体、事业、上级、君王、国家也都能做到尽心尽力、敬顺行事，那应该成为一个文明社会值得正面肯定和提倡的行为。由孝而忠，或者说移孝作忠，如果在上述意义得到自然地展开，那么，这样的忠是不可或缺的。汉唐以来所形成的"求忠臣必于孝子之门"选拔人才机制，其思想基础正在于此。人们也喜欢从反面论述来支撑这种思想观念的可取之处。即如果一个连他自己的父母都不爱的人，这个人一定不会爱他人，不会爱岗敬业，进而也不会爱他的国家，而此种人一定不可重用。所以，与其说"忠孝"，不如说"孝忠"更符合它们的逻辑顺序。孝的本质在于爱，爱是一种有心有情对对象的眷念、亲近和爱护，爱父母，爱家庭，由此推移，爱家乡，爱故土，爱国家，爱天下，这是一个源于亲情的延伸，这是一种基于责任的扩展，这是一项本于使命的推及。延伸、扩展、推及都是强调爱的超越。"天下之本在于国，国之本在于家，家之本在于身"。"老吾老以及人之老，幼吾幼以及人之幼"（《孟子·梁惠王上》），"爱于亲者忠于国"（常言），修身、齐家、治国、平天下的"修齐治平"（《大学》语）等思想正是这一爱之超越性的最好表达。而治国平天下的爱国之情则是由"忠德"来加以体现的。

基于"孝忠"而产生的爱国情怀，也是由中国传统的"家国同构"的社会结构所决定的。由此可见，与孝相连的忠，其积极正面的价值与意义是显而易见的。当然，对于宋代以后那种将"移孝作忠"仅局限于处理君臣关系的狭隘化，并将两者的关系绝对化的忠的思想，我们是应该明确否定和批判的。我们也将这一性质的忠，名之为"私忠""愚忠"，而这一情况更在"忠君"思想中有所表现。

2. 忠君

当忠的对象直接与统治者的君相连后而构成了"忠君"问题以及忠君又与爱国相连而构成了"忠君爱国"问题。"忠君"涉及到君臣关系，"忠君爱国"涉及到君国关系。由于君臣、君国的关系是有着特定范围的关系，所以就决定了它的复杂性。造成这一复杂性的原因乃是中国具体的历史和具体的社会结构。正如上面也提到的，对它们进行客观全面准确地把握，关系到对忠德的价值与意义能否做出符合实际的判断问题。

关于忠君问题，实际上是如何处理君与臣之间的关系问题。在先秦许多文献里，都是从双向性上来规定和定位君臣之间的关系的。从正面说，"君仁臣敬""君惠臣忠"。《大学》有一段话非常明确地规定了包括君臣在内的几对关系的性质："为人君止于仁，为人臣止于敬，为人子止于孝，为人父止于慈，与国人交止于信。"可见，君臣的关系是相对的，是双向的，这也叫着"君臣有义"。也就是说，君之义在仁，臣之义在敬。从反面说，那就是"君之视臣如手足，则臣视君如腹心；君之视臣如犬马，则臣视君如国人；君之视臣如土芥，则臣视君如寇仇"（《孟子·离娄下》）。意思是说，君把臣当手足看待，臣就把君当心腹看待；君把臣当狗马看待，臣就把君当路人看待；君把臣当尘土小草看待，臣就把君当仇敌看待。总之，君臣正常关系的建立是有条件的，是有原则的。由此可见，这样的君臣关系正是遵循着"忠"的一个非常重要的德性，那就是忠之正。所以说，忠君的问题也有个正与不正的问题。对于具有忠之正的"忠君"思想不但不应给予简单地否定,还应吸取其中的合理营养。

从战国后期开始,到汉代以后,尤其是宋代以后,忠君的方向发生了变化,即向着单向性、绝对性等不正的方向变化了。这就是"为人臣者,杀其身有益于君则为之"(《礼记·文王世子》语),"君为臣纲"(西汉董仲舒语),"君虽不仁,臣不可以不忠"(曾国藩语),更有甚者,那就是宋代以后成为主流的观念:"君叫臣死,臣不得不死"。这样的忠就被称为"愚忠""私忠"。通俗地说,这是一种丧失了"正"性的忠,背离了"公"性的忠,它已经完全将"忠德"异化了、变质了。这里似乎都不能用责任与义务等概念及其精神来讨论和评价"愚忠""私忠"的问题,因为它属于奴才价值观。也就是说,当一种价值观念完全抹煞了个体价值、主体意义和独立人格,无论是在什么意义上,这一性质的忠的思想都应该得到坚决地否定和批判。

3.忠君爱国

关于忠君爱国问题,实际上是包含了许多中国传统的爱国主义思想内容。论忠德一个非常重要的内容就是爱国的问题,正像论孝道一定要论家一样。"忠不可废于国,孝不可弛于家"(《忠经·序》),

精忠报国

屈原

苏武

"不思报国,岂忠也哉?"(《忠经·报国章》)此之谓也。

以上已说到,"忠君爱国"涉及到君国关系。大家知道,中国传统社会另一个非常显著的特征就表现为"君国一体"。这一社会存在就决定了中国古代的爱国主义往往是与"忠君"联系在一起的,对此必须进行具体分析。因为道理上面也提到过,不能将"忠君"一事一概而定性为糟粕,而是一要区分它的"正"与"不正",二要看到忠君与爱国两者是否是统一的。具体说来,君之意是为了国家,为了人民,为了民族,那么,此时的忠君就等同于爱国。这一情况下所表现出来的爱国主义无疑是应该得到肯定和颂扬的。我在这里拿重庆忠县一个历史故事作为例子。据《华阳国志》记载,周之季世,巴国有乱,将军巴蔓子向楚国借兵平息内乱,并许诺事成后割让三城给楚国。楚王救巴,巴国既宁,楚使索城。当时巴国的国君不同意割城,巴蔓子也认为国家不可分裂,三城不能给。而不履行承诺是无信,于是蔓子说:"将吾头往谢之,城不可得也",

岳飞

《华阳国志》

文天祥　　　　　　　　　　　　　　　于谦

于是自刎，以头授楚使。巴蔓子以头留城、忠信两全的故事，在巴渝大地传颂了千年。由此可见，巴蔓子的行为既忠君，又爱国，也爱民；既守信，又尚勇，也取义。

在中国历史上涌现出许许多多的爱国英雄、仁人志士，其精神被中国人民千年传颂和高扬，从而形成源远流长、绵延不断的爱国主义传统。尽管这种传统精神是在特定时空下和特殊对象下形成的，但它还是在表征着符合人之为人的人性的光辉。我们每位中国人耳熟能详的屈原、苏武、杨家将、岳飞、文天祥、于谦、史可法、戚继光、郑成功、林则徐等爱国民族英雄，他们的行为，或为了谋求人民的利益，或为了保持民族的气节，或为了制止内部的分裂，或为了抵抗外族的

戚继光　　　　　　　　　　史可法

郑成功

入侵,或为了保卫国土的完整,或为了抵御外国的欺侮,或为了捍卫道义的尊严。还有那些感天动地的警言格句,充满着浓浓的爱国之情,每每读来,无不让人感怀不已。"长太息以掩涕兮,哀民生之多艰"(屈原语),"临患不忘国,忠也"(《左传》语),"苟利国家,不求富贵"(《礼记》语),"鞠躬尽瘁,死而后已"(诸葛亮语),"忧国忘家,捐躯济难"(《三国志》语),"先天下之忧而忧,后天下之乐而乐"(范仲淹语),"位卑未敢忘忧国"(陆游语),"人生自古谁无死,留取丹心照汗青"(文天祥语),"精忠报国"(《宋史·岳飞列传》语),"一片丹心图报国,两行清泪为忠家"(于谦语),"苟利国家生死以,岂因祸福趋避之"(林则徐语),"天下兴亡,匹夫有责"(顾炎武义,由梁启超概括)等。值得注意的是,

林则徐

中国传统的爱国主义思想都是在"家国同构""君国一体"的社会、政治、文化特殊结构条件下产生的，所以一定有它的历史性，对此应当做出具体分析。但不可否认的事实是，主要由忠德来体现的中国传统的爱国主义，已构成中华传统文化的美德而受到赞扬。正因为如此，习近平同志才明确指出："在中华民族几千年绵延发展的历史长河中，

抗日战争

爱国主义始终是激昂的主旋律，始终是激励我国各族人民自强不息的强大力量。"

承认中国爱国主义的历史性、时代性，通俗地说，爱国主义的具体内容不是一成不变的，而是随着时代的变化不断得到丰富充实的。例如中国近代而形成的爱国主义，就加强了国家民族等方面的内容。而以中国共产党为代表所领导的伟大的抗日民族解放运动，则将"对外推翻帝国主义压迫的民族革命和对内推翻封建地主压迫的民主革命"，并最终赢得中国人民的彻底解放和当家作主融入到爱国主义内涵中。而新中国成立以后，特别是改革开放以来，随着习近平同志"中国梦"的提出，又使得爱国主义思想有了更加崭新丰富的内涵。社会主义核心价值体系，将中国精神概括为一是"爱国主义的民族精神"一是"改革开放的时代精神"。而"爱国"又成为社会主义核心价值观的一项重要德目。结合我们对忠德多重价值与意义的探讨，如果站在忠的角度来理解习近平的"中国梦"和"爱国"的话，那么，无疑是要突出忠德对象的方式和态度。中国梦就是国家梦、民族梦、人民梦，

华罗庚

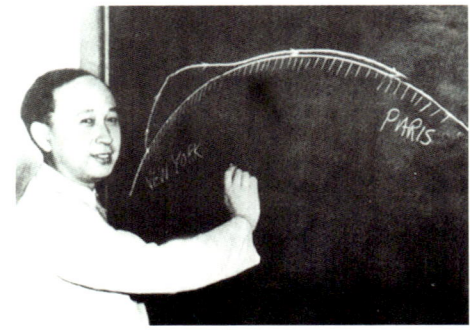

钱学森

孔繁森

而爱国就是忠爱国家、忠爱民族、忠爱人民以及忠爱这个国家、民族和人民创造出的一切文化和进行的一切事业。

我们应该清醒地认识到,我们现在之所以能在如此广泛的意义上定位爱国,并将其作为中国精神之一来看待,这既是对中国传统爱国主义的继承,又是对它的批判,更是对它的超越。所以在这里需要对由孝而忠的思想再做些分析。我们虽然指出了在宗法社会里,社会伦常乃是家族伦常的放大,由孝亲可推及爱家乡、爱故土、爱国家、爱天下。在此结构下,在一定程度上是能够培养起人们的爱国情怀的。但是,同时还应该认识到,也正是由于中国社会长期受到封建宗法思想的影响,往往造成重家庭重宗族而轻民族社会的恶习,由此在一般民众中也就产生不了浓厚的国家意识和民族意识。更有甚者,一些人在民族危难时机只顾家庭个人私利而不顾民族大义走向了变节之途。认识到这一点,才能认识到社会主义核心价值观所提倡的爱国所蕴含的价值和意义是多么巨大,亦才能真正树立起这一神圣的爱国观,从而最终才能将国家与民族的事看成是与每个中国人皆休戚相关的事。关于这一点,我认为应该在新时代条件下对顾炎武的"天下兴亡,匹夫有责"这一深刻的价值理念给予全新的理解,并突出强调"匹夫有责"的责任观念。具体说来,国家的富强、民族的振兴、文化的繁荣、道德的昌明、人民的幸福,这些关乎"天下"兴旺的伟业,中华民族的每一位公民都要参与其中,将自己个体的责任与此紧密相联,尽心竭力,尽职尽责,"以天下为己任""以天下为怀"。实际上这也正是忠德在其本义上要呈明的价值与意义。

(五)忠德与向善

我们在前面已提到过,孟子将忠解释为是教化人向善的,他说:"教人以善谓之忠。"而我们说,社会主义核心价值观和国家富强、民族振兴、人民幸福的"中国梦"都是善的表征。善是符合人性和社会发展方向的地方和境界。安止此境,又恰是中华传统文化,特别是儒家文化强调的思想终的。而我们中华文明之所以能够光耀世界,其中一个非常重要的原因就在于这一文明本身就尤其重视安止光明和美丽的地方。作为群经之首的《周易》有言:"文明以止,人文也",就是说,安止文明就是人文。而安止文明就是朝着光明和美丽的方向前行,并最终与此相合。这一文明之境,儒家又称其为"至善",所以也才有了《大学》那句著名的话语:"止于至善"。如何能实现这一人类社会的美好目标呢?中国先哲先圣们告诉我们,可以通过"忠德"的教导、弘化、宣传、提倡,我们就能够达到此境。由此可见,忠德的这一重属性,真的应该大力地弘扬和推广,让更多的人知道忠德的这一重要功能和作用,将其化作践行社会主义核心价值观和实现伟大的中国梦的强大动力。

实际上忠的这一教人向善之义,有一个极其重要的功能,就是从根本处、超越性来呼唤向善之心、人心向善、止于至善,换句话说,它不是直接呈现什么样的具体道德,表现什么样的具体德行,而是从总体上要求人们向善、行善。当你知道了"向善之心"乃是中华民族的信仰追求以后,你再来理解和体会"教人以善谓之忠"(《孟子·滕文公上》），那一定会产生某种绝对感和神圣感。当你深切感受到你从事的事业是表征人类社会发展方向的，是安止于真善美之境界的，那么，你一定会表现出对她的无比忠诚之情，同时亦会为此目标的实现而尽心力行，以彰显忠勇之精神。一种力量只要由信仰形成，那将是巨大而又恒久的。

我们论述中华传统的忠德思想，就是要客观全面呈现它的含义，揭示它的价值，阐扬它意义，但其最终目的当是要实现传统与现代最精当的对接，在现在和未来的中国社会使中国人"形成向上的力量、向善的力量。只要中华民族一代接着一代追求美好崇高的道德境界，我们的民族就永远充满希望"（习近平语）。

（六）忠德与社会主义核心价值观

以上我们在一个比较广泛的范围内对忠的多重含义及其价值与意义进行了论述。无论是在本义上与"仁义礼智信"五常的比较研究，在作为节操品德的意义上与义德的比较研究，在教人以善的意义上的深刻阐释，还是在对忠孝与忠君爱国具体问题的研究，都会给人一个非常强烈的印象，那就是忠德的价值与意义确实丰富多彩。确定这个

事实，除了使人们明白在弘扬中华传统文化核心价值观的过程中无论如何也不能忽视对忠德的揭示和研究，更为重要的现实意义在于，在我们宣传和践行社会主义核心价值观的时候，尽管你可以找到诸多中华传统文化中的道德思想来进行比较研究，但应该这么说，可能没有哪一个单独的概念能够像"忠"这个概念那样有那么广的含摄性。正是因为忠德具有了多重价值与意义，所以我们就能通过对它的全面而又真实地呈现，来进行与社会主义核心价值观的比较研究了。当然如果说得再通俗些的话，一个忠德可以在比较多的层面起到涵养、培植社会主义核心价值观的作用的。忠德不但是美德，而且是全德，这个特点应该引起人们的高度重视。

总的说来，就尽心尽力，不偏不倚，恭敬竭诚，中心无私以奉公、任事、服职、对人这一忠的本义来看，它就与社会主义核心价值观中的"公正""爱国""敬业""诚信""友善"有着内在的关联性和相通性。具体说来，由忠爱而表现的仁爱之德能成为涵养"爱国""敬业""诚信""友善"之德；由忠正而表现的义正之德能成为涵养"公正"之德；由忠敬而表现的礼敬之德能成为涵养"和谐""敬业""友善"之德；由忠善而表现的智善之德能成为涵养"文明"之德；由忠诚而表现的信诚之德能成为涵养"诚信""友善"之德；由忠义而表现的道义之德能成为涵养"爱国"之德；由忠孝而表现的爱亲人、爱家庭、爱家乡、爱故土、爱国家、爱天下之德能成为涵养"爱国"之德；由在公与正二义前提下的忠君爱国而表现的传统的爱国主义思想能成为涵养"爱国"之德。

十一 论廉

由国家语言资源监测与研究中心、商务印书馆等主办的"汉语盘点2015"发布消息,继2014年"反腐"成为国内词以后,"廉"字成为2015年度国内汉字之首,这充分反映出人们对净化社会环境、提升政府公信力的迫切期待,也说明国人对政府,对官员,对做人做事要"廉"的渴望。这一现实性的需求同样引发了国人对中国传统文化的关注。也就是说,在倡导"廉"风的形势下,有识之士会联系中国传统文化来加强这种"廉"文化的宣扬,即从传统文化中找到涵养和培育"廉"文化的土壤。

尽管可从多方面去概括和总结中华优秀传统文化,但是作为它的核心价值观一定不出仁、义、礼、智、信五常,孝、悌、忠、信、礼、义、廉、耻八德。我们已经对"仁义礼智信"和忠孝诸德进行了阐释,而说清楚中华优秀传统文化,还是要来说说"廉"与"耻"二德。如果大家足够注意的话,"廉"与"耻"二德在诸德中有两个最显著的特点。第一个是此二德只是对"自身个体"提出道德的要求,而不像诸如仁、义、礼、智、信、忠、孝等,主要是用来处理人与对象的关系的道德范畴和规范。第二个是此二德不唯是儒家而提倡和宣扬的道德,而是为中国传统文化所有诸家诸子都共同提倡和宣扬的道德,从而也有力地表明此二德在中国传统社会中所处的重要地位和具有的重大意义。不惟如此,廉耻二德,尤其是"廉"德乃是古今中外一切思想文化都给予正面肯定和欲达到的美好状态,由此亦表明,此德是表征人类社会共同的理想。也是在这个意义上说,"廉"是能够代表超越时空、跨越国度、富有永恒魅力、具有当代价值的"放之四海而皆准"之文化样态，所以，必须引起高度重视。

（一）释廉

《说文解字》："廉，仄也。从广，兼声。"意思是说，"廉"是指空间地方的逼仄、狭窄，所以字形与表空间的"广"（读作"yan"<眼>音）相关。正是因为"廉"有狭窄的意思，所以古人又谓："堂之侧边曰廉。"《九章算术》也说："边谓之廉，角谓之隅。"无论是逼仄、狭窄，还是侧边，"廉"字的本义是与广阔的空间相关的。通俗地说，"廉"字的本义是现代汉语广大的"广"（guang）字的反义词。从"廉"字的本义中，实际上我们就可以读出它的意义。也就是说，"廉"的主旨在于少，在于小，在于俭，在于低调而不奢华，在于收敛而不张扬。"廉，俭也"（《广韵》）"廉，敛也"（《释名》）此之谓也。

（二）"廉"的本质内涵

"廉"的本质内涵是通过人的品行而反映出来的。换句话说，"廉"的本义只是一个用来反映物的空间概念，而能体现"廉"之意义与价值的当要通过

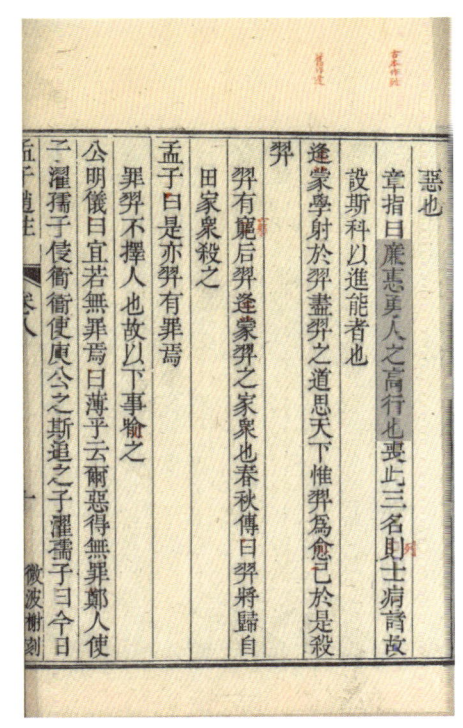

"人之高行"《孟子赵氏注》
〔汉〕赵岐撰 清乾隆四十六年
（1781）韩岱云等刻本

人自身的德行方可。这一德行乃是"清"。所以就有了《玉篇》和《广雅》的定义:"廉,清也。"由此,"廉"的基本涵义就是廉洁,不贪污;廉清,不受贿;廉明,不徇私;廉正,不枉法。由此可见,多拿多占则失廉,可取可不取而取则伤廉,不公不明则违廉,不正不忠则背廉。也就是说,失廉伤廉必然贪污受贿,违廉背廉势必徇私枉法。从这个意义上说,廉是专门对治贪污受贿和徇私枉法的一种德行品质。这也是为什么古人有"廉,人之高行也"(汉赵岐语)的赞誉呢!值得强调指出的是,这里所谓的"人之高行也"是有特殊对象所指的。也就是说,在"清正廉洁""清正廉明""廉洁奉公""廉明公正""清廉守正"这些为我们非常熟知的成语中,其主要的对象是指向为官者、当政者、有权者的。换句话说,这些德行是对政府官员提出的具体要求。道理实际上也很简单,我们只有"清官"的称谓,而无"清民"的称谓;只有"廉吏"的称谓,而无"廉民"的称谓;只有"贪官"的称谓,而无"贪民"的称谓。所以这里可以将上述古人的话改一个字而变成"廉,官之高行也"。

(三)清廉的几条标准

对于官员而言,看其是否清廉,当从几个方面来衡量。其一,看其是否自身清廉。西汉大儒董仲舒明确主张"食禄者不与民争利"。说白了,在董仲舒看来,领取了国家俸禄的官员,你就不能营私谋利,你就不该与民争利。对自身清廉而不贪腐的例子我们经常提到古代两位人物。一位是春秋时期在鲁国为相的公孙休,一位是东汉廉吏杨震。前者说的是"公孙休嗜鱼而不受人鱼"故事,它要说明的道理是不能因为有人投其所好而接受他人的馈赠,如则不然,管不住小节,抵御不住诱惑,到头来定会反受其害,失去所好。所以说,作为一个清廉之官当要慎其所好、清白做人。后者说的是杨震"暮夜"拒收有恩于老友王密贿礼的故事。王密在晚上单独送礼给杨震,在杨震责怪问其不该如此时,王密说出了那句名言:"暮夜无知者。"他对杨震要强调的是，现在是深夜，没有人知道的，你收下吧。面对王密所说，杨震马上反驳道："天知，神知，我知，子知。何谓无知！"王密听后惭愧而出。这是流传千年的"四知"名句，后人又称杨震为"四知先生"。清一代名臣曾国藩更是提出的具体养廉的方法，他说："崇俭朴以养廉；崇俭约以养廉，崇廉让以奉公。"（《书赠第六则·俭·杂著》）

其二，看其是否能严格管束家人。官员的清廉一个非常重要的标准就是看他是否能约束好家人。我们还是以上述三者为例。《天人三策》记载公孙休当看到家中有人送来的织帛，愤怒地将其妻赶出家门。在他看来，"吾已食禄，又夺园夫红女利"是不当行为，家人不能收受食禄以外的不义之财。据史料记载，杨震品性公廉，在做官期间，从不接受私下拜访，其子孙常常食用蔬食步行，并不肯为子孙开办产业，遂说出下面流传千年的佳句："使后世称为清白子孙，以此遗之，不亦厚乎！"就是说，使后世之人称他们为清官吏的子孙，将这个精神操守留给他们，不也是很厚重和富贵的财富吗？！曾国藩素以家风严厉而著称，尤其是对家人廉俭之风的提倡更是有口皆碑，影响颇大。他说："凡仕官之家，由俭入奢易，由奢返俭难。

公孙休

嗜鱼而不受人鱼

四知先生杨震塑像

杨震拒金

包拯

海瑞

于成龙

尔年尚幼,切不可贪爱奢华,不可习惯懒惰,不论大家小家,士农工商,勤苦守约,未有不兴,骄奢倦怠未有不败。"(《清史稿·曾国藩传》)其三,看其是否能严惩腐败。包公、海瑞、于成龙等清廉的形象,不仅体现在自身的不贪腐,更主要的是表现在对腐败的打击和严惩上。其四,看其是否能营造一个清新的政风。这里主要是谈如何形成一个清廉的社会大环境的问题。也就是说,官员的清廉,个人的操守固然非常重要,但是,官场政治生态的好坏,对官员能否清廉以及是否能树立正确的价值取向都有着直接而又重大的影响。对此,明清之际的黄宗羲清醒地认识到,如果一个社会只是有少数的清廉官吏,而多数是贪官污吏,那么势必造成贪官得势而清官受气的"清官逆淘汰"的怪现象,这应该说是社会的悲哀。所以他竭力呼吁广泛推举"廉能之吏",以净化社会风气。而在"廉""能"两者中他更重视官吏的"廉"。他说:"能者,才也。廉者,德也。诚以德胜于才,终不失为君子;才胜于德,或竟流为小人。"总之,廉德由此而形成的廉文化,是清洁自身和净化社会的良方。

"廉"是中华优秀传统文化的一个非常重要的德目,并且成为一个文明社会都要倡导的一种文化。廉德所要表征的是一个社会和个人较全面性的美善之性,而这一全面性则构成了廉德的特点。

（四）廉德的多重意义

廉德一个非常重要的特点在于它能与其他诸德相配而形成了廉德的丰富性。换句话说，廉德在中华传统许多德目中的特殊性表现在它有很强的摄含性。如前所述，廉始终与一个褒义词相连，从而构成诸多富有正面和美好的品行，例如，与"清"相连而有"清廉"，与"正"相连而有"廉正"，与"洁"相连而有"廉洁"，与"明"相连而有"廉明"，与"白"相连而有"廉白"等等。除此以外，"廉"还与"公""忠""俭""让"相连从而具有了"廉公""廉忠""廉俭""廉让"这些做官做人做事的道德品行。这里应该注意的是，"公""忠""俭""让"其本身各自都代表着一个德行，而当它们与"廉"相连以后必然形成了"廉"德的丰富性。

1. 廉公

"廉公"要求的是"公正"，而要做到"公正"，则必须"无私"。因为"公"与"私"相对，所以"廉公"所要彰显的是无私奉公、大公无私、公而忘私；反对的是自私自利、中饱私囊、徇私枉法，实际上通过"公"字是要用来具体规定和说明"清""正""洁""明""白"的内涵。也就是说，通过一个"公"字就将"清""正""洁""明""白"的内涵具体而又清晰地表达出来了。一个人要真正做到了"公"字当头，那么这个人就是一个"清""正""洁""明""白"的人，从而他一定是一个"廉"者。

2. 廉忠

"廉忠"要求的是"尽心"，而要做到"尽心"则必须"无怨"。"忠"德一个非常明显的特点就在于它是为"他者"，而不是为自己，另外，在为"他者"谋利服务时做到尽心尽力、全心全意、竭诚不欺。"尽心曰忠"（清段玉裁语），"尽心于人曰忠"（宋司马光语），此之谓也。为大家非常熟知的儒家两句话，都是在表达这层意思。一句就是孔子的"己欲立而立人，己欲达而达人"，一句就是曾子的"为人谋而不忠乎！"这里要求的是尽心尽力替别人做事谋利。不惟儒家提倡这一对"他者"的情怀，道家和佛家都共同弘扬这种精神。老子有一句名言："为人己愈有，与人己愈多"（《老子》81章）。意思是说，为了别人、给予别人，自己反而会更加多有。佛教将给人以乐称为慈，将拔人以苦称为悲。由此可见，儒道佛三家都以其不同的表述而共同宣扬了"忠"的精神。同上理，一个人要真正做到了"忠"字当头，那么这个人就是一个"清""正""洁""明""白"的人，从而他一定是一个"廉"者。

这里值得强调指出的是，由廉忠而凸显的廉德有一个十分重要的特点，那就是，这种德行重点要求的是为他人谋福祉，给他人带来利益和幸福。这就提醒我们，说廉，倡廉，不能将其范围局限，只是将清廉、廉洁、廉正理解成自己的洁身自好、不贪不腐以及严惩贪官污吏，而是应该站在更高的高度来认识和践行。通俗地说，廉德不只是自己不贪和惩戒别人不贪，而是包括了为别人谋幸福。而我们说，廉忠恰恰就是要提倡在尽心尽力地利他人中来彰显廉德的重大意义和价值。

3. 廉俭

"廉俭"要求的是"节俭俭束"，而要做到"节俭俭束"则必须"寡欲不争"。应该强调指出的是，"俭"字应该说包含两层含义，一是节俭，二是俭束。节俭反映的是寡欲不奢华的生活样态；俭束体现的是处下不争胜的人生态度。儒家有所谓"饭疏食饮水，曲肱而枕之，乐亦在其中矣"（《论语·述而》）"一箪食，一瓢饮，在陋巷，人不堪其忧，回也不改其乐"（《论语·雍也》）的"孔颜之乐"；墨子有所谓"节葬""节用""非乐"等"贵俭之说"；老子有所谓"见素抱朴，少私寡欲"等"无为之论"。在儒墨道等诸家看来,俭朴的生活方式正是体现合乎道、关乎义,即合乎人的本真的生活方式。老子又将能满足人的基本物质生理需求的欲望叫做"为腹",而追求声色犬马的淫欲叫做"为目"。他竭力主张人们要过着"为腹"的生活而反对追求"为目"的生活。为了与道合一,当要处下利物而不争,他说:"上善若水,水善利万物而不争,处众人之所恶,故几于道"(《老子》8章)。老子明确得出了他"俭"论,并将它与"慈""不敢为天下先"一起视为人生"三宝"。老子说:"我有三宝,持而保之。一曰慈,二曰俭,三曰不敢为天下先。"(《老子》67章)

4. 廉让

廉让实际上是廉俭的另一种表述。值得指出的是,在俭束意义上的"廉俭"本质上反映的乃是一种"廉让"的精神。也就是说,一个人是否具有谦让情怀是直接决定着这个人能够真正做到"廉"的一个非常重要的品行之一。见利谦让,见名谦让,见好处谦让,这是修廉德的一个十分有用的方法。同上理,一个人要真正做到"俭"字当头,那么这个人就是一个"清""正""洁""明""白"的人,从而他一定是一个"廉"者。

从"廉公""廉忠""廉俭""廉让"来审视"廉"德,我们就会发现,廉德是足以能集中反映中华传统优秀文化的许多德行的一个德目。所以这就要求我们在宣扬廉文化的时候,一定要关注到廉德的多重意义与价值。也正是因为廉德的多重意义与价值的存在,才会使得廉德在净化人心、和谐社会、安顿生命、培植人格等方面有着独特的功用。

（五）廉德的功用

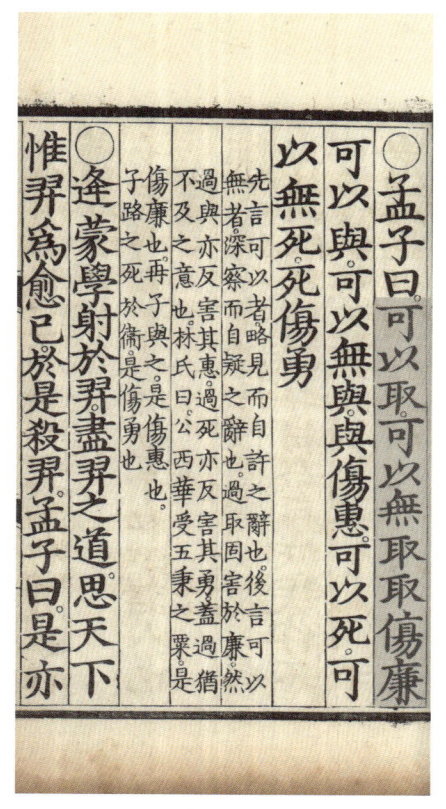

"可以取"《孟子集注》〔宋〕朱熹注 明嘉靖二十七年（1548）伊藩刻四书集注本

廉德及其践履者，即所谓廉者，如同一切能表征人性及其社会发展方向的的道德及其模范人物，也即儒家所说的"止于至善"者，"人之高行也"，他们所能发挥的功用是巨大的。当你面对诚如孟子所理解的"廉"者的时候，你一定会对此从内心产生出敬佩和敬畏之感的。后人将《孟子·离娄下》所记载的一段话概括为是"人之高行也"。孟子说："可以取，可以无取，取伤廉。"（《孟子·离娄下》）意思是说，在可以拿、可以不拿的情况下，如果你选择了拿了，那么你就对廉洁有损害了。这是一个多么高尚的境界和道德啊！这样的廉即被盛赞为"人之高行也"。高就高在，当你面对一个东西，拿了既不犯法，也不违规，也就是说，你可以拿，但如果你选择了不拿这个东西，这才叫廉呢！"廉，人之高行也"（汉赵岐语），此之谓也。这里值得指出的是，现在很多人只是将"廉"理解为不多占、不多拿以及不是你的你就不应该拿，如此与孟子这里对"廉"的解释和理解相比较的话，其境界远远低出不知多少呢！换句话说，孟子对"廉"的理解要远远高出当下人对"廉"的理解。所以，当你真正理解了廉之意义和价值的话,那么由廉而产生的力量是不可估量的。这也就是为大家所称颂的《官箴》所要表达的真正意思。它说:"吏,不畏吾严而畏吾廉;民,不服吾能而服吾公。廉则吏不敢慢,公则民不敢欺。公生明,廉生畏。"实际上这里仍然是在强调一个理念,即"廉公"。做到了"公"与"廉",即"廉公",才能使人真正敬畏与信服,从而不敢怠慢和欺骗。总之,廉公是产生是非分明和有所畏惧的根本原因。又诚如朱熹所言:"官无大小,凡事只是一个公字,若公时,做得来也精彩,便若小官,人也堂风畏服;若不公,便是宰相做来做去也没得个下梢。"这就告诉人们,如若丧失了廉公之心,事干得再大,官做得再高,都不会有什么好的结果和结局。

廉是美德善行,如果违背之,你当有耻感,所以,中国传统文化为了更彻底地贯彻廉德,于是就紧跟着另外一个德目,这就是"耻"。在一个健康文明的社会里,正面提倡的一定是知廉知耻,反面批判的一定是寡廉鲜耻。所以说,论完"廉"后,就该论"耻"了。

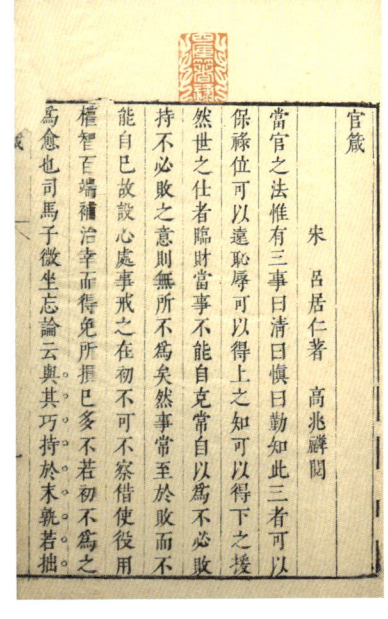

《官箴》〔宋〕吕本中撰 明刻本

十二 论耻

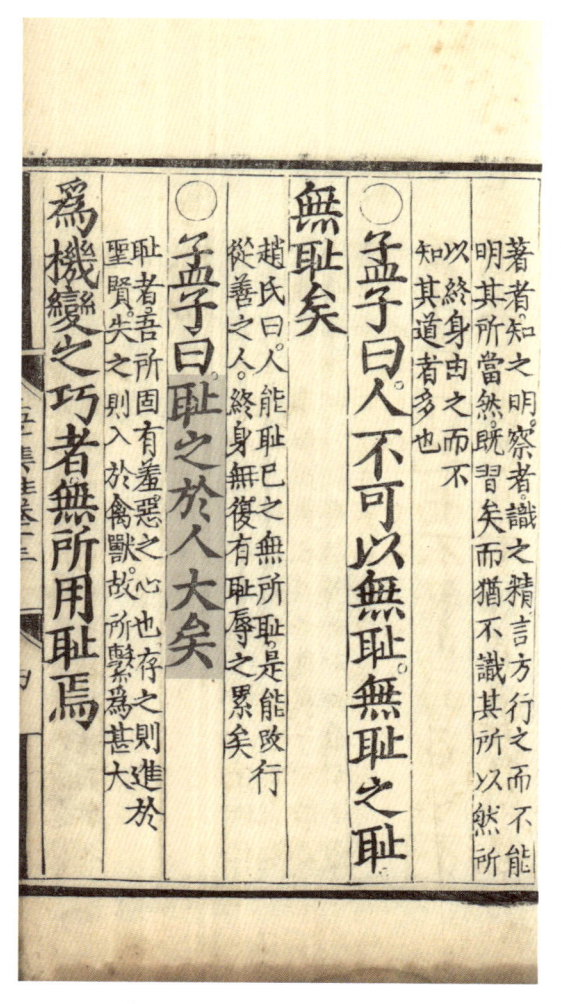

"耻之于人"《孟子集注》〔宋〕朱熹注 明嘉靖二十七年（1548）伊藩刻四书集注本

对于人来说，究竟什么样的道德是重大的？对于国来说，究竟什么样的道德是最后的支柱？另外，中国传统文化中，究竟哪一种道德是明确区分人与禽兽的标准的存在？究竟哪一种道德是可以保全其他道德的真正实行？上述所有问题的统一的答案正是我们要论的"耻"德。亚圣孟子说："耻之于人大矣"，意思是说，羞耻感对于人至关重要。古人云："礼义廉耻，国之四维。四维不张，国乃灭亡。"这是要告诉人们，"礼义廉耻"四德是维系国家的四大支柱，但"耻"则是最后一根支撑国家大厦的柱子，如果它灭绝而不存在了，这个国家将会彻底灭亡而无法挽救。"四维绝而不可复措也"（《管子·牧民》），此之谓也。古人明确提出"耻，乃人禽之别也"的命题，南宋思想家朱熹在解释孟子的"耻之于人大矣"的时候,强调指出:"存之则进于圣贤,失之则入于禽兽",明代袁坤仪在其著名的《了凡四训》中也说:"以其得之则圣贤,失之则禽兽耳。"古人又言:"耻可以全人之德",意思是说,耻是可以保全人有德、行德而不离正道的护栏。由上可知,耻德在中国传统文化中的地位是如此重要,对于一个人和一个国家民族来说是如此不可或缺。

(一)释耻

《说文解字》说:"耻,辱也。从心,耳声。"就是说,所谓耻就是耻辱、羞辱、侮辱的意思。要很好地理解这一点,我们应当将"耻"字还原到它的繁体字"恥"。也就是说,繁体字的"恥"是由左边一个"耳",右边一个"心"所组成,以此用来表示一个人的心理情感的状态。"恥"是一个会意字,有闻过和行过而心生惭愧之意。具体说来,耻是表示人在说错话、做错事以后心生惭愧而感到愧耻和羞辱,继而表现出耳朵发烧、面红耳赤、心跳加快的状态。通俗地说,就觉得不好意思,觉得难为情,觉得无地自容。从耻的本义来看,它作为一个道德的德目,因为它具有了强烈的情绪体验,所以决定了耻德在中国传统文化道德中的鲜明特点。耻是强调这样一种情感和行为,即对什么感到耻,以什么为耻,知道什么是耻。可见,耻既是一种感觉,

《了凡四训》〔明〕袁黄编 清光绪十五年(1889)湖北官书处刻本

又是一种认知,更是一种行动。概而言之,耻是关乎到"有耻"和"知耻"的问题。

(二)《论语》论耻

《论语》中曾十几次提到"耻",这主要集中在以下几个问题。

1."有耻"

《论语》明确强调作为一个人,特别是人中的杰出代表的"士",其行一定要"有耻"。当子贡问孔子如何能成为一个"士"时,孔子直谓"行己有耻"。所谓"行己有耻",是说自己立身行事有羞耻感。实际上这是从反面来说理的,就是说,以自己的行为不端正或没有完成和实现正义之事而深感耻辱和不安。因此一个人行事,凡自己认为可耻的就不会去做。简言之,"行己有耻"就是用羞耻之心来约束自己的言行。这一价值观的重要性不唯体现在它与"礼义廉"一起被合称为"国之四维",而且还体现在它与《论语》另外一句名言"博学于文"一起被清初大思想家顾炎武推崇为"圣人之道"。顾炎武说:"愚所谓圣人之道者如之何?曰'博学于文',曰'行己有耻'。"

2."何为耻"?

我们虽然明白了能用羞耻之心来约束自己的言行就叫做"有耻",但是,什么

顾炎武

"愚所谓"《顾亭林文集》清康熙潘氏遂初堂刻本

样的言行属于耻呢？换句话说，可耻的言行包括哪些呢？《论语》通过几则记载明确告诉了我们答案。"子曰：'巧言、令色、足恭，左丘明耻之，丘亦耻之。匿怨而友其人，左丘明耻之，丘亦耻之。'"（《论语·公冶长》）"古者言之不出，耻躬之不逮也。"（《论语·里仁》）"子曰：'君子耻其言而过其行'"（《论吾·宪问》）子曰：'邦有道，贫且贱焉，耻也。邦无道，富且贵焉，耻也'"（《论语·泰伯》）"宪问耻。子曰：'邦有道，谷；邦无道，谷，耻也。'"（《论语·宪问》）子曰："士志于道，而耻恶衣恶食者，未足与议也"（《论语·里仁》）子曰："衣敝缊袍，与衣狐貉者立，而不耻者，其由也与？"（《论语·子罕》）在孔子看来，那种花言巧语、神情伪善、过度恭顺以及对某人心藏怨恨而表面却对其友善的人，他和左丘明都认为是可耻的。此其一；古人和君子都认为说得多、做得少的人是可耻的。此其二；国家清明有道、自甘贫贱以及国家黑暗无道、只求自己富贵的人，是可耻的。同理，国家清明有道，做官拿薪水是可以的，而国家黑暗无道，做官拿薪水那就是可耻的了。此其三。应该说，以上就是整部《论语》中所概括出的可耻的人和事。我们不应太在意这些概括是否全面，而应从中看到对一种价值观的确定，即每个人自己都应当具有以说错话、做错事而感到可耻的价值观和道德感。这也正是我们为什么那么看重孔子"行己有耻"思想的真正原因之所在。

　　从以上引述中，我们还可以发现《论语》中是在另外一个意义去谈论"耻"的。换句话说，是从正面和积极的方面来肯定一种不感到耻辱的高尚情操的。在孔子看来，对于一个追求和从事于道的人来说，就不应该以吃粗食穿破衣为耻辱，否则的话，这种人是不足为道的。再者，孔子盛赞其弟子子路（仲由）能够自己穿着一身破棉被与穿着皮袍子的人站在一起而并不感到有什么羞愧难当的坦然之态。

　　通过以上分析，我们会发现，在论耻的时候，一定既要注意到具体不同的时空条件性，又要始终遵循一个最高的是非善恶的标准性。也就是说，以什么为耻和不以什么为耻，判定它们的最终标准就是看

其是"有道"还是"无道"。有一个例子最有说服力。这就是《论语》中提到的为我们大家非常熟知的"敏而好学，不耻下问"（《论语·公冶长》），这是要求人们做到不要因为向比自己低下的人询问讨教而感到有什么耻辱的。这里就存在着遵循着"好学、谦逊、虚心"之"道"的问题。总之，《论语》中有关对耻的论述，为我们提供了以什么为耻和不以什么为耻的绝佳的参照系。

3. "如何远耻"？

如何远耻的问题实际是谈通过一些道德的手段和方式来远离和避免可能遭致羞耻的事情发生。有子曰："恭近于礼，远耻辱也。"（《论语·学而》）意思是说，待人接物要态度恭敬谦逊而有礼，如此就远离耻辱了。在生活和工作中，使自己遭受某种耻辱的事情，往往就在于自己对他人的不恭敬、不庄重、不谦逊。"恭则不辱"是《论语》教给人们的修养之道。这也被视为整个儒家所要提倡的人与人相爱相敬的"相应和感应原则"。孟子有一段名言，他说："仁者，爱人。有礼者敬人。爱人者，人恒爱之；敬人者，人恒敬之。"（《孟子·离娄下》）意思是说，仁

"恭近于礼"《论语集注》〔宋〕朱熹注 明嘉靖二十七年（1548）伊藩刻四书集注本

十二 论耻

是爱人,礼是敬人。你爱别人,别人就经常爱你;你敬别人,别人就经常敬你。

实际上我们从"远辱"的旨归中能够体会到,虽然是提倡人们应当"有耻""知耻",但是其最终目的当是要达到没有可耻之事的发生。也正是在这个意义上,你才能准确理解清代思想家龚自珍的那句名言。他说:"士皆有耻,则国家无耻矣。"他这里所要强调的就是,当作为一个国家精英的"士"(知识分子)都具有羞耻之心的话,即都知道什么是可耻之事的话,那么,他们一定不会做出使自己感到可耻的事,如此,这个国家就没有可耻的事情发生了。我想,《论语》中所强调的"行己有耻"和"有耻且格"(《论语·为政》)的思想所欲达到的理想境界一定是如此。要之,有耻辱之感是其始,无耻辱之事是其终。

由上可知,至圣孔子及其《论语》列出了几项耻辱的事情,并明确强调,作为有德的人是不应做那些事,所以从反面加强了儒家伦理道德所要坚守的原则和底线。而作为儒家第二号代表人物,被称为"亚圣"的孟子,也十分重视对"耻"德的探讨。

龚自珍

"士皆知有耻" 《定盦文集》
〔清〕龚自珍撰 民国十二年(1923)
国学扶轮社铅印本

(三)《孟子》论耻

孟子首先非常明确肯定"耻"对于人的重大意义。这正是孟子那句著名的格言,"耻之于人大矣"(《孟子·尽心上》),意思是说,有羞耻之心,有惭愧之意,有羞辱之感,对于人至关重要!孟子说耻包括以下几点具体内容。

1. 何为耻?

孟子也像孔子那样,明确指出了几种可被称为"耻"的表现。其一,声望名誉超过了实际情形,作为有德的君子就会感到羞耻。他说:"故声闻过情,君子耻之。"(《孟子·离娄下》);其二,立于朝廷做官,自己的正确主张却不能推行,这是耻辱。他说:"立乎人之本朝,而道不行,耻之。"(《孟子·万章下》);其三,用虚伪欺诈的不正当的行为去求得富贵发财,这不但为君子所不耻,而且很少有妻妾不为此而深感耻辱的。他说:"由君子观之,则人之所以求富贵利达者,其妻妾不羞也,而相泣者,几希。"(《孟子·离娄下》);其四,人不可以没有羞耻,不知羞耻的那种羞耻,真是不知羞耻呀!他说:"人不可以无耻,无耻之耻,无耻矣。"(《孟子·尽心上》)

2. 耻感是人性

积极寻求和论证"耻"是人性及其人之道德所由产生的基础。我们知道,在孟子以前的孔子只是创建了许多道德的德目,但并没有去寻求它们的人性根源,孔子在论述耻的问题时也表现出这一特点。换句话说,孔子是就耻而说耻,并没有将耻与某种人的天生德性相联系。而孟子则不然,他不是就道德而谈道德,而是将精力放在对产生人的道德之人性这一最基础的存在的揭示上。同样,对"耻"德的探讨也是如此。为大家熟知的孟子的"四端说"("恻隐之心,仁之端也,羞恶之心,义之端也,辞让之心,礼之也,是非之心,智之端也"),

其中对"义之端"的揭示,实际上就是能够归结到对"义"德的人性论追溯。孟子在论述"义"德产生的人之心性的基础的时候,明确指出那就是"羞恶之心"。他说:"羞恶之心,义之端也","无羞恶之心,非人也"(《孟子·公孙丑上》)。为自己行不正之道而感到羞耻,此为"羞"义;厌恶、讨厌他人行不正之道,此为"恶"义。合而言之,"羞恶"都是对不正之道所表现出来的情感状态。所以说,"义"在孟子"四端"那里,实际是对"不仁"的一种心理情感,而这一情感被孟子称做"羞恶",也即"耻"。简言之,因为人性中有羞耻感,所以就产生"义"。

3. 远耻、去辱的方法

在孟子看来,远离和去掉耻辱最简单、最直接的方法就是"行仁爱"。他说:"仁则荣,不仁则辱。"(《孟子·公孙丑上》)意思是说,仁就光荣,不仁就耻辱。孟子这一思想是与孔子一致的。孔子在论述行仁的五个具体德目("恭宽信敏惠")的时候就明确指出过"恭则不侮"。也就是说,做到了作为仁爱具体表现之一的"恭",即对人对事能做到庄重和恭敬,那么就不会有侮辱的事情发生了。由此可见,孔孟都是在强调"行"仁爱的重要性。因为在他们看来,实行仁爱就会得到光荣和荣耀,而不实行仁爱就会得到羞耻和侮辱。也就是说,爱就是仁,

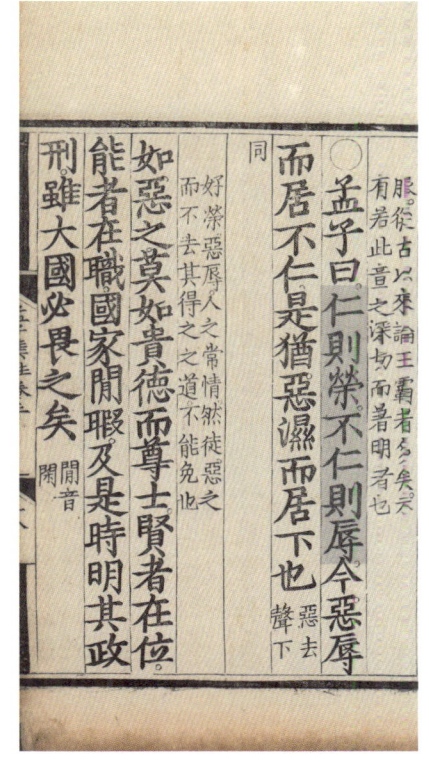

"仁则荣" 《孟子集注》〔宋〕朱熹注 明嘉靖二十七年(1548)伊藩刻四书集注本

行仁就是义。唐代韩愈正是在上述意义上去定义"仁"与"义"的。他说:"博爱之谓仁,行而宜之之谓义。"(《原道》)所谓"行而宜之"就是行施仁爱且适宜者,如此也就是"义"了。而从反面说,一个人如果没有按照仁爱的原则去做人做事,那么这就叫做"不义",他要对这一"不义"的行为而感到耻辱和羞愧。所以孟子特别强调指出:"苟不志于仁,终身忧辱,以陷于死亡"(《孟子·离娄上》)。意思是说,如果无意于仁德,终身都会受忧受辱,以至于死亡。所以说,包括孔孟在内的儒家的这一"远耻去辱"思想应该引起我们的高度重视。

4. 不愧不怍

孟子之所以重视对"耻"的问题的论述,那是因为,在孟子看来,只有真正做到了没有可感到羞愧和耻辱的事发生,即做到无愧于天与人了,这才可被称为达到了君子幸福快乐的境界了。"君子有三乐,而王天下不与存焉。父母俱存,兄弟无故,一乐也;仰不愧于天,俯不怍于人,二乐也;得天下英才而教育之,三乐也。"(《孟子·尽心上》)意思是说,君子有三种快乐,但是称王天下并不在其中。父母都健康,兄弟没灾患,是第一种快乐;抬头无愧于天,低头无愧于人,是第二种快乐;得到天下优秀人才而对他们进行教育,是第三种快乐。如果大家注意的话,在孟子所概括的三种快乐中,只有第二种快乐的获得是需要和依靠每个人"自身"的修行和努力。由此也说明,"耻"德是与人的内心以及情感状态紧密相联的。也就是说,当你做到了内心坦然,心地安宁,一句话,问心无愧,那么,你定当能获得一种内心满足和宁静给你带来的欢愉和快乐。

(四)知耻可以养德

对于大多数中国人来说,都知道"俭以养德"这句名言,却很少有人知道，知耻亦可以养德。也就是说，很少人知道，知耻亦是修养和培养一个人道德的有效方法呢！实际上，为我们非常熟习的《中庸》已经重视了这个问题。《中庸》："好学近乎知，力行近乎仁，知耻近乎勇。知斯三者，则知所以修身；知所以修身，则知所以治人；知所以知人，则知所以治天下国家已。"这里的"知耻近乎勇"，正是向人们指出了一个人"勇敢"品德的获得和养成靠的是"知耻"这一修身方法。当然，我们应在更加普遍的意义上来理解和把握"知耻"与"养德"的因果关系问题。

1."知耻"可以养勇之德

这是从特殊意义上来理解和把握的。最能证明这一点的是大家都熟知并喜欢举的一个例子。因为我们知道，中国自进入近代以后，饱受外国列强的欺凌和压迫，由此给中国带来了不尽的耻辱。我们中华民族深知这一耻辱，也正是在此情感的驱动下，将它化作无比强大的勇气，以拼死抵抗外国侵略者的入侵。尤其是中国共产党领导下的军民奋起反抗日本帝国主义的侵略，最终取得抗战胜利，一雪前耻，从而奠定了中华民族伟大复兴的坚实基础。

父母俱在，兄弟无故

上不愧对于天，下不愧对于人

得天下英才而教育之

抗战胜利

2."知耻"可以成人之德

这是从普遍意义上来理解和把握的。最能证明这一点的也是大家并不陌生的一个例子。这就是晋代一个名叫周处的人,由于知耻而发生蜕变并最终成为善人的故事。年轻时的周处横行乡里、无恶不作,当地人将其同南山猛虎、江里蛟龙并称为地方"三害"。当周处得知此传闻以后,深感耻辱,倍受刺激,于是痛改前非,弃恶从善,发奋精进,最终成为一代名臣,一个好人。这就是"知耻"的力量,它可以使一个无德的人,即一个坏人,变成一个有德的人,即一个好人。

周处除三害

（五）自耻的特点及其意义

由上可知，所谓"知耻""有耻"是从正面肯定耻感的重要性。实际上，这种"知耻""有耻"又可称为"自耻"。换句话说，只有"自耻"感方能带来正面的意义。所谓"自耻"，顾名思义，即是自己以之为耻。这个"以为"不是被动接受，而是主动"承认"。"自我"主动给出对自身的"贬抑"评价，同时主动地接受，认同这一"贬抑"评价。"自耻"乃是"实质"上的自我否认，正是自我认识到"自身"有所不及，未达其设定之"标准"故而有"耻"。事实上，作为"心理感受"行为，"自耻"之特别处在于，其能产生积极之激励"效应"。也就是说，"自耻"乃是自己感觉到了不对正产生的一种道德心理状况。这是一种己之"内心"的"自耻"，从而以积极性的"责己恕人"态度。孔孟所倡导的"耻感"，当是对"自己"言行"不当"的一种反省和惩罚。"知耻近乎勇""行己有耻"，此之谓也。这种"耻感"不是由"他者"造成的，而是"自己"感受到的，觉得自己做得不对并加以"自责"。通俗地说，孔孟的"耻感"是对自己言行不当的一种责备的方式，这与他人无关，不是认为别人给自己带来的耻辱。例如，你自己"作弊了"，你自己"伤人了"，你自己有能力帮助拯救别人，但你却没有援手相助。你拿了不该拿的东西，此时如你有"羞耻感"，那将是"止恶行善"的动力者也啊！由此我又想到了，为什么古人将"义"解释为"禁非曰义"的用意了，并与"羞恶"之心内在地连在了一起。如你当义而不为不行，见义不勇为，麻木不仁，那你应为此而感到羞愧并自责而改之。有了这种惭愧，你就会说出"对不起""请原谅""不好意思""羞愧难当"等。由此可见，这种"自耻"感所引发的"责己恕人""责己厚人"与那种因为别人给自己带来的耻辱感所引发的"扬己辱人"的心理和行为是不同的。例如，当你认为别人怠慢你了，欺侮你了，为此你感到被人"羞辱"，并深感愤慨气愤，致使你可能会记住这一遭遇，想法子要报复和惩罚给你带来耻辱的人。如此所产生的一定是"负面

德国第二次大战

与消极"的作用和后果。这在中外历史上都有不少事例的。汉代皇帝刘邦在早先未发迹时常常被其父亲和哥哥轻视和欺侮，而当他当上皇帝后还不忘先前的被亲人所耻辱一事，要找准机会去"扬己辱人"一番。再就是德国，它因为一战战败，认为这是德国的奇耻大辱，一直要寻求机会去报复曾给它带来所谓耻辱的国家，要"扬己辱人"一番，于是发动了第二次世界大战，由此给世界人民造成了灾难性后果。上述两例所产生的一定是"负面与消极"的作用和后果。

当然对于这种由于"别者""他者"给自己带来和造成的"耻辱"，还有另外一种情形的发生，就是面对别人给自己带来的耻辱，他不是想法子今后如何去报复和惩罚他们，而是以此为机奋发自强、扬名立万。就其效果来说，这也可以说是正面和积极的。上面提到的周处是这样，为大家非常熟知的韩信也是这样。如果要说到我们中华民族又何不是这样的呢？中华民族在近代遭受到诸多列强的欺侮，我们会记住这种耻辱，但我们不会将战争的灾难再加到这些国家身上。我们会奋发图强，做好自己的

刘邦

事情，这只是为了不再让那些屈辱降临到我们头上而已。从这里不也是能看到我们中华民族是一个多么良善的民族吗？故"自耻"必须指向对"他者"的一种"和厚"态度——责己厚人的"自讼"之学，而这一学说和思想又必须将社会与人生归止到一个文明的方向。

综上所述，"耻"在中国传统道德体系中是一个非常独特和重要的德目。知耻可以全人之德，知耻可以养人之德，知耻亦可以成人之德。惟其如此，"行己有耻"才能与"博学于文"一起成为士人（知识分子）信奉的做人行事的原则；"知耻"才能与"知廉"一起成为"立人之大节"；"耻"并最终才能成为对于人来说是至关重要的德行。"耻之于人大矣"（《孟子·尽心上》），此之谓也！

韩信

十三 论四维

仁、义、礼、智、信,被称为"五常",礼、义、廉、耻,被称为"四维",而"四维"与孝、悌、忠、信则被合称为"四维八德"。不管是"五常",还是"四维八德"都是被中国人千年来所尊崇和遵循的恒常之道和纲维之德。它们共同构成了中国传统文化的核心价值观。

前面我们论了"廉耻"二德,而我们在更早的时候在说"五常"部分实际上已经说过"礼""义"二德了。正像我们在分别说了仁、义、礼、智、信以后,再要对作为整体的"五常"思想进行论述一样,在分别说过礼、义、廉、耻以后,再来对作为整体的"四维"思想进行一番论述。

（一）四维思想的提出

如果说为我们熟知的孝悌、忠孝、忠恕以及仁、义、礼、智、信等观念是儒家所提出的思想，那么，同样为我们熟知的礼、义、廉、耻观念以及"四维"概念则不是由儒家提出的了。这一思想和概念是由以春秋时期著名的思想家管子为名的《管子》一书中所提出的。为显此概念及其思想之全貌，下详引《管子·牧民》原文："四维张，则君令行……守国之度，在饰四维……四维不张，国乃灭亡……国有四维，一维绝则倾，二维绝则危，三维绝则覆，四维绝则灭。倾可正也，危可安也，覆可起也，灭不可复错也。何谓四维？一曰礼，二曰义，三曰廉，四曰耻。礼不逾节，义不自进，廉不蔽恶，耻不从枉。故不逾节，则上位安；不自进，则民无巧诈；不蔽恶，则行自全；不从枉，则邪事不生。"以上就是最完整"四维"概念的出处以及对"礼义廉耻"具体内涵的解释。意思是说，四维伸张，君令就可以贯彻推行……巩固国家的准则，在于整顿四维……四维不伸张，国家就会灭亡……国有四维，断了第一维，国家就倾斜；断了第二维，国家就危险；断了第三维，国家就倾覆；断了第四维，国家就灭亡。倾斜可以移正，危险可以转安，倾覆可以重起，灭亡了就再也没有什么举措可以挽救了。什么是四维呢？一是礼，二是义，三是廉，四是耻。礼是指不逾越节度，义是指不妄自冒进，廉是指不掩蔽错恶，耻是指不趋从歪道。所以，不逾越节度，在上者的地位就安定；不妄自求进，人民就不会巧谋欺诈；不掩蔽错恶，人民的德行就会自然全备；不趋从歪道，邪乱的事情也就不会发生了。由上可知，管子所论让我们知道了，国之四维是指礼、义、廉、耻，而如果它们不存在了，那么国家就会遭致灭亡。

（二）四维的释义及其内涵

理解"四维"，首先应该正解"维"字。"维"，原指系物或结网的大绳，古人说："维，网罟之纲。"可见，维就是纲，纲就是维，合而言之就叫"纲维"。而"纲"者,即是指提网的总绳。大绳、总绳一提举,网目就张开。"纲举目张",此之谓也。所以,维和纲就被引申指纲纪、纲要。《管子》中提到的"四维""国之四维""国有四维"就是指维系国家安危存亡的四根大绳,或说四条准绳,四个纲维,四大纲纪。而"礼义廉耻"正是"四维"的具体所指。正因为"四维"思想的重要,所以千年以来一直受到中国人的高度重视,并形成成语、格言、警句。例如,成语有"礼义廉耻""四维不张",格言有"国之四维,礼义廉耻",警句有"礼义廉耻,国之四维;四维不张,国乃灭亡"。

(三)"礼义廉耻"在《管子》中的具体规定

第一,管子是将"礼"理解为规定等级,维护秩序的礼节、规范、规矩。也就是让人懂得不要逾越礼节,不要违反规范,不要破坏规矩。"礼不逾节",此之谓也。第二,管子是将"义"理解为公正无私的行为、原则。也就是让人懂得不要只顾自身的利益而全然不顾别人的感受一味冒然妄自求进,从而违反乃至破坏公正公平的原则。"义不自进",此之谓也。从以上我们可以看出,管子所谓的"礼义"与"五常"中所谓的"礼义"的含义是有所不同的。主要体现在管子更侧重"礼义"对人的治理作用,即将它们视为是治人的大法。而"五常"更侧重对"礼"之恭敬性、"义"之应当性的凸显和阐扬。换句话说,管子的"礼义"更注重讲规矩,五常的"礼义"更看重弘德性。第三,管子是将"廉"理解为洁身自好的德行。也就是让人懂得不要藏污纳垢、遮蔽邪曲,从而使自己不干不净,不清不白。"廉不蔽恶",此之谓也。第四,管子是将"耻"理解为一种知道做了坏事而感到羞愧、耻辱、内疚的情感。也就是让人懂得厌恶一切错误言行,不与坏人坏事为伍,拒绝坏人坏事,并最终做到不去做坏事。"耻不从枉",此之谓也。从管子对"廉耻"两维的论述中我们可以认识到,他是将"廉耻"视为是立人之大节的。也就是说,管子是将"廉耻"当做立人做人的品德、操守、节气来看待的。总之,在管子看来,人有了此"礼",统治者、领导者、在上者以及国家就会安定,"上位安",此之谓也;人有了此"义",人民就不会因为为了达到自私自利的目的而采取投机取巧、欺骗狡诈的手段,"民无巧诈",此之谓也;人有了此"廉",特别是为官为吏者,就不会文过饰非、不干不净,从而具有纯正高洁的完美品行,"行自全",此之谓也;人有了此"耻",就不会胆大妄为,就不敢无所不为,如此也就不会干坏事了,"邪事不生",此之谓也。由上可知,"礼义廉"三维是从正面直接要求人们去做"有礼""有义""有廉"的事,而有礼就会行礼,有义就会由义,有廉就会倡廉。而"耻"之一维则是从反面要求人们当你做了"无礼""不义""伤廉"的事,你就要"有耻"。也就是说,你要知道那是羞耻的事。所以说,"有耻"的意思,实际上就是"知耻"的意思。通俗地说,礼、义、廉、耻是分别要求人们做到"崇礼""行义""明廉""知耻"。

当然上面所论都是从正面来立论和说理的。而管子"国之四维"论的主旨则是要从反面告诫和警示人们,如果将维系一个国家的诸条纲维断绝了,那么就会出现相应可怕的后果。具体说来,"国有四维,一维绝则倾,二维绝则危,三维绝则覆,四维绝则灭",此乃是管子"四维"论的重心所在。也就是说,四维之论重点是在警示世人,如果四维不存的话,那势必会造成严重后果。正是在此意义上,我们会把"四维"论说成是警世名言。如果我们把国家比喻为一座大厦的话,这座大厦是需要钢索来支撑的。那我们姑且将管子的"国之四维"比喻为支撑这座大厦的四根钢索。在管子看来,第一根断了,大厦就会发生倾斜,第二根断了,大厦就会出现危险,第三根断了,大厦就会导致倾覆,第四根断了,大厦就会遭到灭亡。

（四）"礼义廉耻"之四维间的逻辑关系

如果大家足够留意的话，我在这里以及先前都是将"一维绝""二维绝""三维绝""四维绝"中的"一二三四"是作为"序数词"来翻译和理解的，而不是像许多翻译者将"一二三四"翻译和理解成"基数词"。具体说来，如果当成"基数词"来译的话，那就变成了：国有四维，断了一维，国家会怎么样；断了两维，国家会怎么样；断了三维，国家会怎么样；断了四维，国家会怎么样。而我认为，这样理解是不符合管子本意的。因为这涉及对整个"四维"论全面准确的理解问题，从而影响到此论的意义所在问题，所以，此问题不可不说，不可不辩。也就是说，不能将管子的"国有四维，一维绝则倾，二维绝则危，三维绝则覆，四维绝则灭"翻译并理解成：国有四维，断了一维，国家就倾斜；断了两维，国家就危险；断了三维，国家就倾覆；断了四维，国家就灭亡。之所以不能这样理解，是因为"礼义廉耻"这四维并非是并列平行的关系，而是存在着主次递进的关系。总之，不能笼而统之说没了几维国家就会怎么样，而是要明确指出，没了"礼"会怎样，没了"义"会怎样，没了"廉"会怎样，没了"耻"会怎样。照此逻辑，我们就可以得出如下结论：断了第一维，即没了"礼"，国家就倾斜；断了第二维，即没了"义"，国家就危险；断了第三维，即没了"廉"，国家就倾覆；断了第四维，即没了"耻"，国家就灭亡。由此可见，从前到后，一个比一个情况严重。故而反推上去就是说，有了羞耻才会有清洁清明之"廉"，有了清廉才会有公正无私之"义"，有了正义才会有礼节规矩之"礼"。这就是"国之四维，礼义廉耻"所要揭示的逻辑。

（五）"耻"在四维中的作用

我们在"论耻"中曾强调指出过，之所以说"耻之于人大矣"（《孟子·尽心上》），就是在于，"耻"不但有全人之德的功能（"耻可以全人之德"，古人语），有养人之德的功能，而且有成人之德的功能。南宋思想家朱熹说："耻便是羞恶之心，人有耻，则能有所不为。"这就告诉我们，耻德实际上是用来防范、禁止和保障人们不去做那些不应该和不正当之事的，而"无礼""不义""寡廉"正是不应该和不正当的行为。对"耻"在四维中是具有基础性和全面性之作用论述得最为详细和完备的当推明清之际思想家顾炎武在其《日知录》中所说的内容。他说："《五代史·冯道传论》曰：'礼义廉耻，国之四维；四维不张，国乃灭亡。善乎！管生之能言也。礼义，治人之大法；廉耻，立人之大节。盖不廉则无所不取，不耻则无所不为。人而如此，则祸败乱亡亦无所不至。况为大臣，而无所不取，无所不为，则天下其有不乱，国家其有不亡者乎？'然而四者之中，耻尤为要。故夫子之论士，曰'行己有耻。'孟子曰：'人不可以无耻。无耻之耻，无耻矣。'又曰：'耻之于人大矣，为机变之巧者，无所

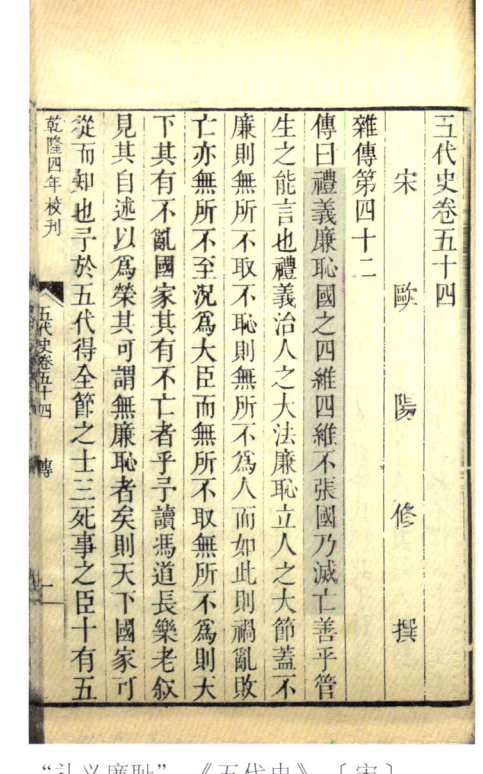

"礼义廉耻" 《五代史》〔宋〕欧阳修撰 清乾隆四年（1739）刻本

用耻焉。'所以然者，人之不廉，而至于悖礼犯义，其原皆生于无耻。故士大夫之无耻，是谓国耻。"从上述引文中可以知道，顾炎武转引了北宋欧阳修所编《五代史》中《冯道传论》中的话语，并以孔孟之论为据阐明了自己的观点。在冯道看来，礼义是治理人民的大法；廉耻是立身为人的大节。不廉的人便什么都可以拿；无耻的人便什么都可以做。一个人果真到了这种地步，那么祸灾、败落、逆乱、灭亡亦就随之而来了。更何况身为大臣官吏而什么都敢拿，什么都敢做，那么天下哪有不乱，国家哪有不亡的呢？顾炎武对冯道之论是深有感触的。但他在此基础上又明确提出"然而四者之中，耻尤为要"的主张。也就是说，以顾炎武看来，在"礼义廉耻"这"四维"中"耻"之一维尤其重要。他认为，这也就是为什么孔子将个人处世必须有耻作为"士"的标准的真正原因所在。同时也是孟子为什么那么强调人不可以没有耻，对可耻的事不感到羞耻，便是无耻了以及认为耻对于人关系极大，那些搞阴谋诡计耍花样的人，是根本谈不上耻的真正原因所在。顾炎武在总结了前人思想的基础之上所要得出的最终结论是：因为一个人不廉洁，乃至于做出悖逆礼节侵犯正义的事来，所有这些原因都是产生和归结于无耻啊！所以，如果代表一个国家民族的良心的士大夫全然没有了羞耻之德的话，那才叫着国耻呢！正因此如此，顾炎武才喊出了"博学于文，行己有耻"的口号。

（六）当代人对四维的认知

"礼义廉耻"，国之四维，不仅受到中国古人的极度推崇，而且也引起当代中国人的高度重视。这里例举三位人物。一位是孙中山先生。孙中山先生在创立中华民国时，选择中山装为国服，前身有四个口袋，其寓意即是礼义廉耻。由此亦足可见证孙中山对"四维"的重视程度。这也可看做是欲通过形而下者之器来体现形而上者之道的一种成功尝试。第二位是毛泽东主席。他与人在谈论《资治通鉴》时曾指出过该书有"礼义廉耻，国之四维，四维不张，国乃灭亡"之论，还说清朝雍正皇帝非常赞赏这一思想，并据此得出了治国就是治吏的结论。当然，毛主席也是肯定这一思想的，并认为如果臣下一个个都寡廉鲜耻、贪污无度、胡作非为，而国家还没有办法治理他们，那么天下一定大乱。从毛主席这一态度中可以发现，他重点还是从"廉耻"，尤其是从"耻"德上来肯定"四维"对治国治人，特别是治理官员的基础性作用的。因为"耻"的本义就是对不应该、不正当的言行所做出的否定

孙中山像

中山装

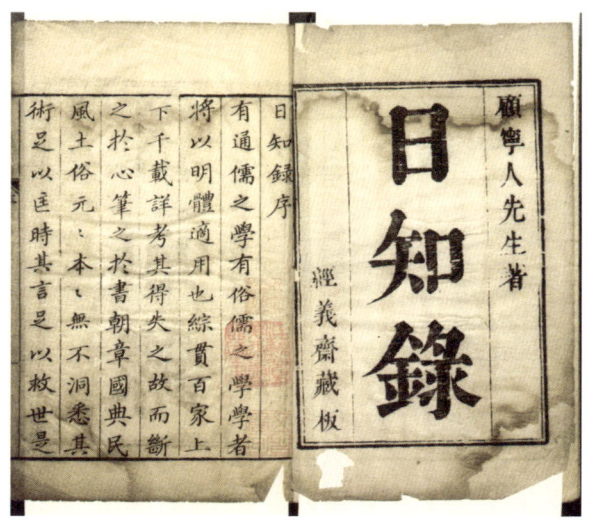

题签页

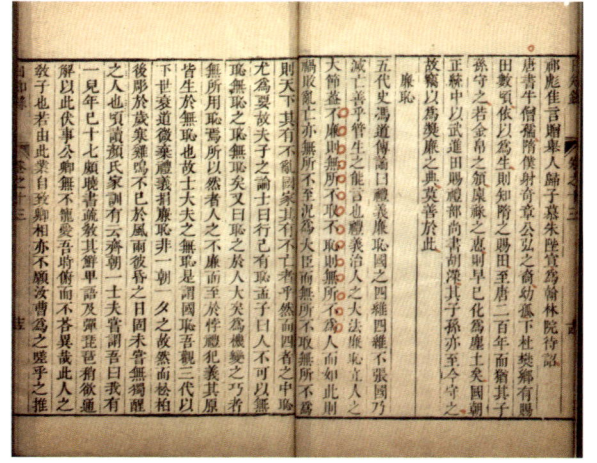

卷十三：廉耻

性态度和情感，即对错误言行的一种羞耻和厌恶之情。具体说来，当一个国、一个人无礼了、无义了、无廉了，你要知道这是一种非常不应该和不正当的行为，从而对此深感羞愧和厌恶。如此你才有可能重新振作，重塑"礼法"，重行"正义"，重倡"廉洁"。这同样是在证明，"耻"之一德是维系一国天下之安危的最后一道屏障和护栏，万万断绝不得，否则就无法有挽救之法矣。

第三位是王岐山同志。他说："中华传统文化是伦理文化、责任文化，为国尽忠，在家尽孝，天经地义。中华传统文化的核心就是'人德'；孝悌忠信礼义廉耻，这些就是中华文明的DNA，渗透到中华民族每一个子孙的骨髓里。迄今为止，还没有哪个人敢挑战这八个字。家国情怀和修齐治平、崇德重礼的德治思想，把社会教化同国家治理结合起来。"王岐山同志这里提到的"孝悌忠信礼义廉耻"八个字正是为中国传统社会所尊奉的道德准则，即是古人称做的"四维八德"。这里应引起我们高度重视的是，王岐山同志是将"四维八德"直接称之为"中华文明的DNA"。这是将"四维"视做中华传统文化的基因，并认为是连结着过去、现在和未来的薪火相传的文明之光。应该这么说，王岐山同志之论，是自中国共产党成立以来所有中国共产党领导人中对"四维八德"所做出的最为明确、最为积极、最为正面的肯定和赞扬。这是对中华文明的高度自觉和高度自信的集中表现。

（七）四维与社会主义核心价值观

如果我们能确证"礼义廉耻，国之四维"是中华文明的基因和精华，那么，这种精华的传统文化自然地能够成为滋养和培植社会主义核心的土壤和养分。有关中华传统优秀文化与社会主义文化的内在的历史的关联性，从理论上是无需多论的，因为这已经是一种真理性的认知。我们的任务应该是找到"四维"思想与社会主义核心价值观的具体的关联性，从而能够同时认识到传统与现代两端思想的价值和意

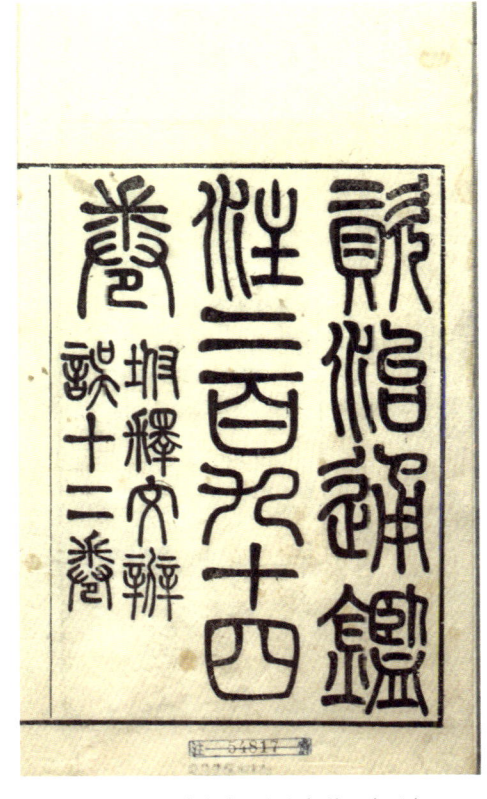

资治通鉴注 〔宋〕司马光编 〔元〕胡三省注 清同治十年（1871）湖北崇文书局刻本

义之所在，并最终建立起对中国文化的自信感。在社会主义核心价值观中的国家层面的"文明"这一德目，那当与"四维"就发生了最为直接紧密地联系。道理十分清楚，"礼义廉耻"正是维系国家这座大厦的纲索。一个文明国家的建设，断断少不了对"礼义廉耻"的伸张。

  以上是从总体意义上认知"四维"与社会主义的"文明"建设的内在关联性的。而再要对"四维"与社会主义核心价值观有关条目进行比较研究的话，亦是有意义的。所谓的"礼"，就其作为维护秩序的礼节、规范和规矩来说，在任何一个社会都是不可或缺的，它是要求人们懂得不要逾越礼节，不要违反规范，不要破坏规矩，"礼不逾节"，此之谓也。因此说，此"礼"完全可以经过创造性转化和创新性发展用来滋养社会主义的法治思想。具体说来，是要适应着现代社会文明的需要，与民主建设紧密结合起来，剔除存在于封建社会中"礼"的等级不平等的消极因素，从而构建起符合社会发展方向以及符合人性地对待的社会主义特色的法治观。"义"德在中国传统文化中有着极其丰富的内涵，在不同的道德体系中亦有着特殊的规定性。就"四维"之"义"来说，它所要彰显的是公正无私的行为、原则。也就是让人懂得不要只顾自身的利益而全然不顾别人的感受一味冒然妄自求进，从而违反乃至破坏公正公平的原则，"义不自进"，此之谓也。可见，义即是公。此德当与社会主义核心价值观的"平等公正"之理念相合也。平等公正所要伸张的正是超越某些个人利益和自私之心以求大众之利益的精神。由此可见，四维之"义"德与社会主义核心价值观的"平等公正"理念有了相对更直接的关联性。一句话，只求自进而不顾他者的行为都是有违平等和公正原则的。此点亦应引起人们的高度重视。虽然"廉耻"二维无法找到与社会主义核心价值观具体德目的相对应的关系，但是，"廉"德所要彰显的"清廉""廉洁""廉正""廉明""廉白""廉公""廉忠""廉俭""廉让"当与社会主义核心价值观中的"文明""和谐""法治""敬业""友善"等思想存在着理论上的共通性。至于"耻"德，那更应该成为践行社会主义核心价值观所有德目的基础性理念。也就是说，以违反诸德为"耻"，从而起到真正保护所有价值观的贯彻落实的护栏功能，并最终实现维系国家和天下安危的纲维之目的。"礼义廉耻，国之四维。四维不张，国乃灭亡"，岂虚言哉？！

十四 余论

十德各自反映的精神及其价值观

对中华传统文化以及美德的认知乃至自信,当需要做到两点。其一是知道它的价值观是什么。其二是知道它的内在精神是什么。第一点的价值观当指我们所论述的十德。具体说来,"仁义礼智信,孝悌忠廉耻"这十德,其本身就是价值观。而第二点的精神当是指这十德所体现的具体道理。这就如同南宋著名哲学家朱熹在谈到诸德时喜欢使用的句式,即"——底道理",他说:"盖仁则是个温和慈爱底的道理,义则是个断制裁割底道理,礼则是个恭敬撙节底的道理,智则是人分别是非底道理——仁字是个生底意思——仁固仁之本体也,义则仁之断制也,礼则仁之节文也,智则仁之分别也。"(《晦庵集》卷74)简单地说,当明确知道了中国传统文化的道德德目以后,还需要明确说出这些德目的"道理"和"意思",而这些"道理"和"意思"正是反映着这些德目的精神呢!而在这些精神影响下形成一定的价值观。我曾将"仁义礼智信"之五常所反映的"道理""意思"及其"精神"概括为以下五句话,即**仁以爱之,义以正之,礼以敬之,智以善之,信以诚之**。

"仁"所反映的是"亲爱"的道理、意思和精神,而这一亲爱的精神则又是主要通过"忠恕"二道体现出来的。由忠道所反映的**自强不息、善为人谋、民胞物与**和恕道所反映的**厚德载物、包容差异,宽容异己,和而不同**等这一**"仁民爱物"**正是仁德所要宣扬的价值观。

"义"所反映的是"公平正义"以及"道义""节操"的道理、意思和精神。值得强调指出的是,"义"在中华传统美德中还扮演着践行所有美德的角色,换句话说,"义"德自身是一个具有实践性的德目。"义"德要求的是行一切"当其所为"的事情和不行"不当其所为"的事情,否则就要感到羞耻。**见义勇为、行己有耻、舍生取义**等正是义德所要宣扬的价值观。

"礼"所反映的是"恭敬辞让"的道理、意思和精神。这一精神具体通过礼分、礼让、礼谦、礼卑等这一"有礼者敬人"的方式体现出来。**恭敬礼下、敬业乐群、文明礼貌、谦逊待人、文明和谐**正是礼德所要宣扬的价值观。

"智"所反映的是"良善"的道理、意思和精神。这里值得再次强调指出的是,五常中的"智"不能在理性意义的聪明和智慧上去理解,此"智"是作为所有道德所由产生和对其进行判断的本原性的存在。**人心向善、与人为善、保持天良**等正是智德所要宣扬的价值观。

"信"所反映的是"诚信"的道理、意思和精神。值得指出的是,信德也有保证所有道德真实无妄的意思,也就是说,要做到真仁、真义、真礼、真孝、真悌、真忠、真廉等。**童叟无欺、诚实做人、忠厚老实**等正是信德所要宣扬的价值观。

那么,其他的"孝悌忠廉耻"所反映的道理、意思和精神又是什么呢?通过先前的论述,我们当可以做出以下概括和归纳。

"孝"所反映的是子女对父母的诸项"善事"上,即惜身、能养、能敬、立身、扬名、有后。这是一种基于血缘的情感,所以,"孝"所反映的是"亲亲之爱"的道理、意思和精神。**孝敬父母、孝老爱亲**正是孝德所要宣扬的价值观。

"悌"所反映的是弟弟对兄长的"善事",即敬顺兄长;还有兄长对弟弟的"善事",即友爱弟弟;再有延伸到社会上的一切长幼之间的"善事"。所以,"悌"所反映的既有着血缘关系的兄弟姐妹之间的"敬爱",同时也有着非血缘关系的老幼以及兄弟姐妹的"友善"

的道理、意思和精神。**尊老爱幼、团结互助、扶危济困、和睦友善**等正是悌德所要宣扬的价值观。

"忠"所反映的是包括"五常"在内的许多道理、意思和精神，具体言之，忠爱、忠正、忠敬、忠善、忠诚以及忠公、忠勇、忠贞、忠烈。而忠勇、忠贞、忠烈所包含的忠德就是表现为"道义""节气"之德也，从而与"义"之表示气节、操守之含义相融互契，如此亦就实现了忠与义的相融互通。所以忠反映的是"爱、正、敬、善、诚、勇、贞"诸多的"道理""意思"及其"精神"。**尽心利他、公正无私、爱国敬业、以诚待人、教人以善、天下为公、忠诚勇敢、见义勇为、贞烈操守**等正是忠德所要宣扬的价值观。

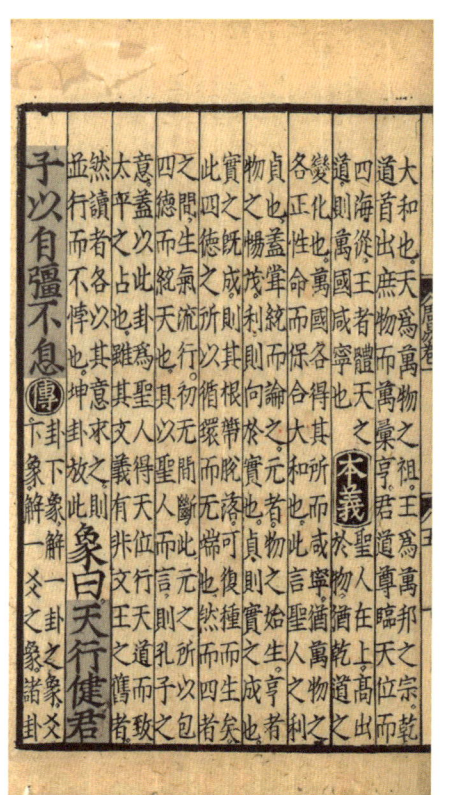

"天行健" 《周易经传传义》
〔宋〕程颐、朱熹撰 明刻本

"廉"所反映的是"廉公""廉忠""廉俭""廉让"的道理、意思和精神。值得指出的是，在中华传统美德中，"廉"德与"忠"德一样，包含着多重意思，从而反映出多种精神。换句话说，廉德是足以能集中反映中华传统优秀文化的许多德行的一个德目。**清洁干净、公正无私、忠心为人、寡欲退让、勤俭节约**等是廉德所要宣扬的价值观。

"耻"所反映的是对自己有错而知羞愧，对他人有错而能憎恶以及知耻精进、保全道德的道理、意思和精神。值得注意的是，耻德还有一个功能作用，那就是，知耻可以全人之德，知耻可以养人之德，知耻亦可以成人之德。**行己有耻、知耻后勇、不耻下问、扬善止恶、宽以待人**等是耻德所要宣扬的价值观。

十四 余论

如果大家足够注意的话，我们会发现在中华传统许多美德中，它们都会指向一个共同的地方，或说境界，那就是"仁爱"与"宽厚"，合而言之就是"仁厚"。仁以怜之，仁以亲之，仁以爱之，仁以慈之；宽以宥人，宽以恕人，宽以容人，宽以待人。此乃中国人最大美德。"宅心仁厚"，此之谓也。中华传统的道德观念，往往包含这样两个紧密相连的逻辑关系：一是首先强调"自强"，二是随后强调"厚德"。也就是说，中华传统道德或说文化，强调"自强"的目的，一定不是"恃强凌弱""恃才傲物""恃清傲浊"的，而是"自强"后的"和厚"对待一切，哪怕对方是不道德的甚至是曾经有负于自己的人和国。因为中华传统文化坚信按照"自强"与"厚德"的方式去做是"天经地义"的，是绝对而又神圣的。没有什么德行比得上与天地之德相合的德行更高尚的了。因为"天德"的本性是"自强不息"，"地德"的本性是"厚德载物"，如果要"与天地合其德"（《周易》语），那么，当然应该"自强不息"与"厚道载物"啊！这也正是《周易》那两句名言的深义所在啊！"天行健，君子以自强不息；地势坤，君子以厚德载物"。这也就是我们为什么那么自信地将中华传统的道

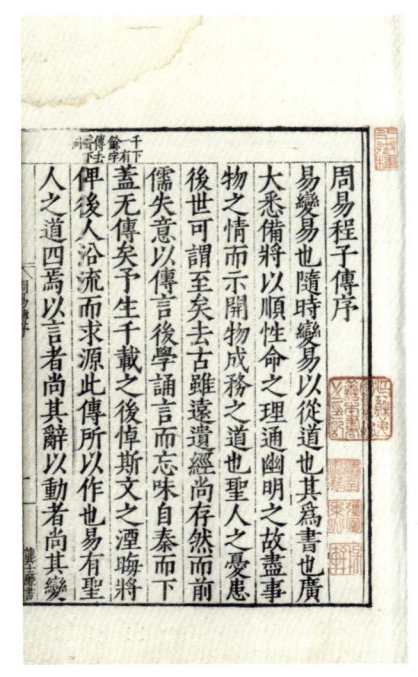

首序首页

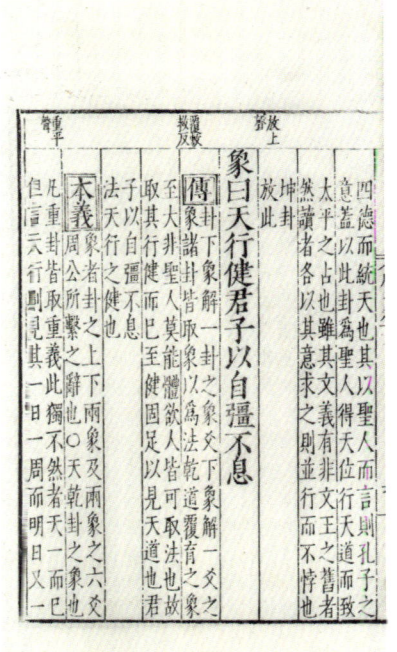

"天行健君子以自强不息"

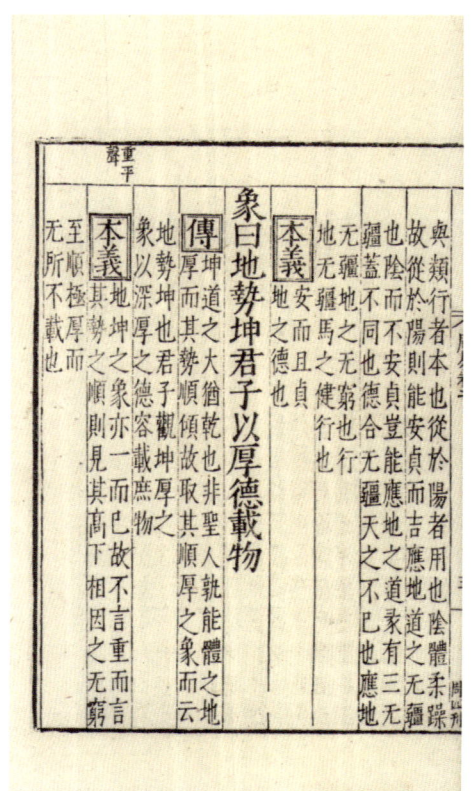

"地势坤君子以厚德载物"

德称为"美德"的真正原因所在。再有我们为什么那么自信地坚称中国是一个文明的国度,原因也是在于它具有上述两种品质和美德。尤其是在处理国与国之间的关系上,在中国几千年的发展史上,不管是自己在鼎盛时期,还是在衰落时期,特别是被别国欺侮和侵略时期,它都不曾想着去欺侮和侵略别国,或者是报复和打击那些欺侮和侵略过我们的国家。如果从人性的角度以及文明的高度来审视和评价中华文明的话,试问世界上有哪一个民族能做到像我们一样?我们有充分理由认为,中华民族是世上最善良的民族,中华文明是世界上最合乎人性的文明。

实际上这里涉及到这样一个问题,即什么样的存在状态才可被称为是"美"的?按照中国传统哲学的观念来说,只有符合和达到"真"与"善"的存在状态方可称其为"美"。所谓"真"就是既是天地自然的本来状态,也是人心人性的本来状态;所谓"善"就是超越相对善恶的那个"纯善""至善"的状态;而能够合乎和安处于此的状态即是所谓"美"。由此可见,我们常常所说的"真善美",实际上是包含上述的意思,即"真与善即是美","美即是真与善"。而儒家则是以一个"至善"的概念将它们统统摄含了。也就是说,至善的状态和境界乃是真与善的状态和境界,从而表征着美的状态和境界。由此可见,"止于至善"体现的是天道与人道,天性与人性之"真善美"的和合之境者也。而通过我们对"仁义礼智信,孝悌忠廉耻"中华传统十德的探讨,可以清楚地看到,所有这些德目无一不是天性与人性的呈现,无一不是归止和安止于"真善"的境界,故而无一不是充满"美"的意境。所以我们有充分的理由认为,中华传统美德乃是表征天地自然之心、代表社会文明方向,符合人性对待要求的这些思想、精神和信仰之道!中华文明的复兴,中国梦的实现,正是需要此道也。"思以其道易天下""观乎人文,以化成天下",此之谓也!

"观乎人文以化成天下" 《周易经传传义》〔宋〕程颐、朱熹撰 明刻本